Einfache
LoRaWAN-Knoten
für das IoT

Claus Kühnel

Einfache LoRaWAN-Knoten für das IoT

Claus Kühnel

ISBN-10: 3-907857-35-6

ISBN-13: 978-3-907857-35-9

www.ckskript.ch

Das Buch und die beschriebenen Schaltungen, Prozeduren und Programme wurden sorgfältig erstellt und getestet. Trotzdem können Fehler und Irrtümer nicht ausgeschlossen werden.

Das Coverbild basiert auf einem Bild von *geralt* mit einer CC0 Lizenz eingestellt auf pixabay

Inhalt

PRODUCTS
*Long range, low power
IOT connectivity.*

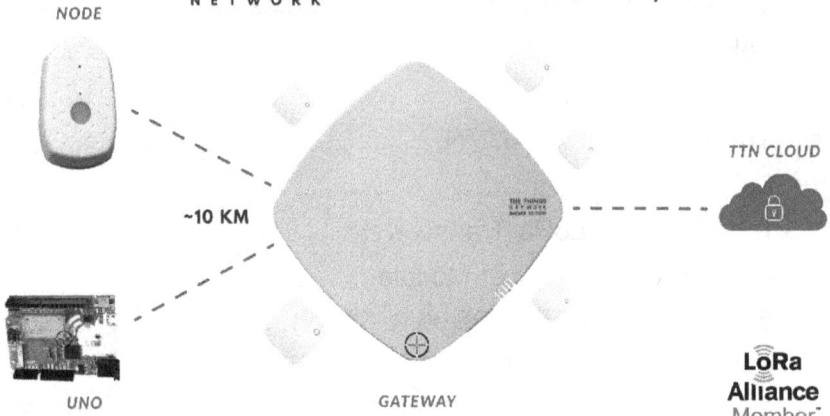

THE THINGS
N E T W O R K

NODE

~10 KM

UNO

GATEWAY

TTN CLOUD

LoRa
Alliance
Member

1. Vorwort

Das Internet der Dinge (Internet of Things, IoT) ist in aller Munde und verheisst massive Änderungen in unserem gesamten Umfeld. Die Auseinandersetzung mit jeder neuen Technologie ist insofern wichtig, dass man später nicht unvorbereitet mit diesen Dingen konfrontiert wird, die sich einem im Nachhinein möglicherweise nur schwieriger erschliessen.

Das IoT definiert sich über die Vernetzung von Dingen (Embedded Systems) und der damit verbundenen Schaffung von Mehrwert und schließlich darauf aufbauend neuen Geschäftsmodellen. Das verbindende Element sind erfasste und transportierte Daten.

Mit den bislang zur Verfügung stehenden Technologien war das prinzipiell bereits schon möglich, allerdings nicht zu akzeptablen Kosten oder nur mit eingeschränkten Eigenschaften. Wenn beim oft beschworenen intelligenten Kühlschrank die IoT-Anbindung teurer als der Kühlschrank selber wird, dann ist kaum Akzeptanz für ein solches Produkt zu erwarten.

Die Grundeigenschaften eines IoT-Knotens, wie wir fortan unseren intelligenten Kühlschrank und ähnliche zu vernetzende Komponenten, also die Dinge an sich, bezeichnen, sind große Reichweite, eine kabellosen Verbindung zum Netzwerk, Batteriebetrieb mit langer Lebensdauer der Batterie und tiefer Preis.

Mit dem Low Power Wide Area Network (LPWAN) werden diese Haupteigenschaften so abgestimmt, dass daraus neue und bezahlbare Geschäftsmodelle entstehen können.

LPWAN steht hier als Oberbegriff für viele unterschiedliche Protokolle. Neben dem hier noch zu betrachtenden LoRa bzw. LoRaWAN stehen Sigfox, LTE-M, Weightless, Symphony Link und einige andere im Wettbewerb.

Im Gegensatz zu einigen anderen Protokollen ist der LoRa-Standard Open Source und nicht proprietär. Das ist mit ein Grund für das rasante Wachstum von LoRaWAN-Netzwerken über ganze Länder, beginnend in den Ballungszentren.

Hier sollen mit sehr einfachen Mitteln und zu niedrigen Kosten LoRaWAN-Sensorknoten entwickelt werden, die ihre Daten an einen LoRaWAN-Server senden. Von diesem sind die Daten abrufbar und in eine beliebige Anwendung integrierbar.

Wer bislang mit einem Arduino erste Erfahrungen sammeln konnte, der ist bestens auf diese zukunftsträchtige Aufgabenstellung vorbereitet.

Auf der Basis eines ESP8266-Mikrocontrollers von Espressif hatte ich gezeigt, dass man einen WiFi-tauglichen IoT-Knoten zu sehr geringen Kosten (es waren 15 US$) aufbauen kann [1].

Dass WiFi auf Grund der geringen Reichweite und des doch recht hohen Stromverbrauchs für einen batteriebetriebenen IoT-Knoten allerdings nur bedingt geeignet ist, war auch durch eigene Untersuchungen gezeigt worden [2].

Mit den hier vorzustellenden LoRaWAN-Knoten eröffnen sich vollkommen neue Möglichkeiten, wobei die Kosten nicht wesentlich höher liegen.

———

Zur besseren Lesbarkeit beachte ich bei der textlichen Darstellung die folgenden Konventionen:

- Befehle und Ausgaben an die Konsole werden in `Courier New` dargestellt.
- Eingaben über die Konsole erfolgen in **`Courier New fett`**.
- Programm- und Dateinamen erscheinen *kursiv*.

Lange Webadressen (URLs) werden durch den Bitly URL Shortener (https://bitly.com) verkürzt.

Alle bestehenden Links wurden im Herbst 2018 überprüft. Da sich das Internet ständig verändert, kann nicht sichergestellt werden, dass diese Links funktionieren oder zum selben Inhalt führen wie zum Zeitpunkt der Aufnahme. Bitte informieren Sie mich über defekte Links.

Die hier vorgestellten Programmbeispiele sind unter der URL https://github.com/ckuehnel/LoRaWAN-Node auf Github abgelegt und können von da herunter geladen werden.

Altendorf, im September 2018

Claus Kühnel

2. LoRa

Bevor wir uns der technischen Umsetzung eines IoT-Knotens zuwenden, sollen hier grundlegende Begriffe erläutert werden.

LoRa wurde speziell für die Anforderungen des IoT entwickelt, dessen Hauptmerkmale ja bereits genannt wurden. Darüber hinaus ist LoRa durch die folgenden Merkmale gekennzeichnet [3]:

- LoRa kann kleine Datenmengen per Funk mehrere Kilometer weit übertragen.
- Die große Übertragungsdistanz wird mit minimaler Sendeleistung erreicht.
- Durch den geringen Energiebedarf können Sensor-Knoten mit Batterien bestückt über mehrere Jahre autonom funktionieren.
- LoRa ermöglicht eine bi-direktionale Kommunikation mit Datenraten von 0,3 bis 50 kbps. Datenübertragungen sind in einer städtischen Umgebung über Entfernungen von 2 bis 5 km möglich. In einer Vorort-Umgebung sind Übertragungen bis zu 15 km realisierbar.
- Die Modulation LoRa ist eine Ableitung der Chirp-Spread-Spectrum (CSS) Encoding-Technologie. Die Technologie nutzt die gesamte zugewiesene Bandbreite für das Senden eines Signals, um es über ein breiteres Band des Spektrums zu verbreiten. Dies bedeutet, dass ein solches System auch bei einem niedrigen Signal-zu-Rausch-Verhältnis (SNR) betrieben werden kann. LoRa weist damit auch eine hohe Robustheit gegenüber Rauschen auf.
- LoRa nutzt in Europa die ISM-Bänder bei 433 MHz und 868 MHz (ISM = Industrial Scientific & Medical)
- Dank integrierter Verschlüsselungstechnologie werden die Daten sicher übertragen und vor unerlaubtem Zugriff optimal geschützt

Auf Basis von LoRa-Knoten kann ein einfaches Peer-to-Peer Netzwerk aufgebaut werden, in dem alle Knoten gleichberechtigt sind. Abbildung 1 zeigt ein solches Netzwerk, in dem jeder Knoten alle Mitteilungen anderer Knoten empfängt.

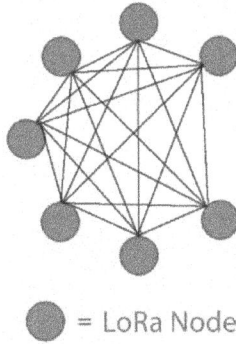

= LoRa Node

Abbildung 1   Peer-to-Peer Netzwerk

3. LoRaWAN

LoRaWAN bezeichnet eine Low Power Wide Area Network (LPWAN) Spezifikation und gleichzeitig die verwendete Netzwerk-Architektur.

Die LoRaWAN Netzwerk-Architektur ist als erweiterte Star-Topologie ausgebildet. Gateways bilden eine Brücke zur Weiterleitung von Mitteilungen von End-Devices (LoRa Nodes) zu einem zentralen Netzwerk-Server (LoRa Server). Gateways sind mit dem Netzwerk-Server über Standard-IP verbunden, während End-Devices drahtlos mit einem oder mehreren Gateways kommunizieren (Abbildung 2).

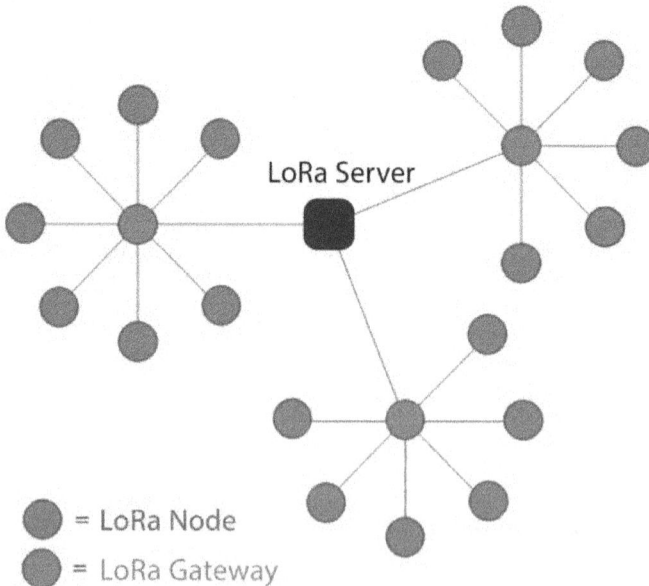

Abbildung 2   Erweitertes Star-Netzwerk (Star-of-Stars)

Netzwerke, wie das IoT, haben einen besonderen Bedarf an sicherer Kommunikation. Dies wurde durch mehrere Schichten der Verschlüsselung gelöst:

- Eindeutiger Network Key (EUI64) sorgt für Sicherheit auf Netzwerkebene
- Eindeutiger Application Key (EUI64) sorgt für Sicherheit auf Applikationsebene
- Gerätespezifischer Key (EUI128)

LoRaWAN hat verschiedene Klassen von End-Devices, die sich bezüglich der Kommunikation vom Server zum End-Device unterscheiden. Für Details muss ich an dieser Stelle auf die Literatur [4] verweisen. Hier werden Class A Devices betrachtet, die für batteriebetriebene Knoten am besten geeignet sind. Diese Class A Devices sind nach dem Versenden ihrer Daten nur eine kurze Zeit für Mitteilungen vom Server erreichbar.

Im üblichen Sprachgebrauch wird man eine wenig scharfe Abgrenzung zwischen den Begriffen LoRa und LoRaWAN vorfinden. Abbildung 3 zeigt diese aber in klarer Weise an Hand der Schichten der Implementierung.

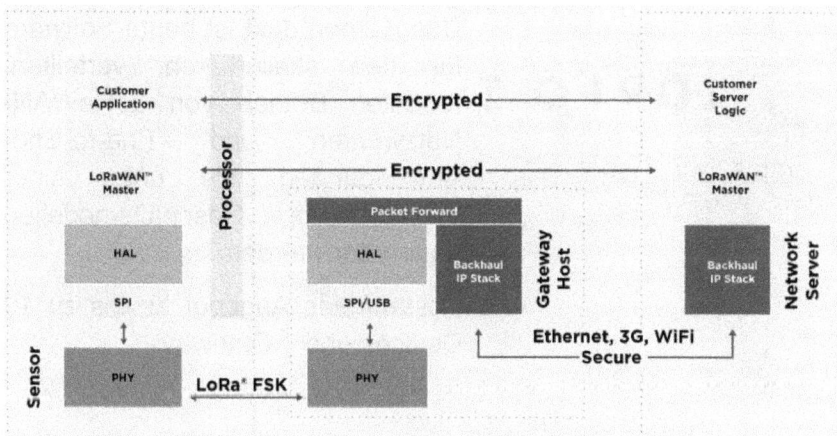

Abbildung 3   Kommunikation im LoRaWAN [4]

Im hier als Sensor bezeichneten End-Device kommuniziert die Anwendung über SPI mit dem die Modulation vornehmenden PHY, von wo die Daten drahtlos zu einem Gateway (oder anderem End-Device) übertragen werden. Die physikalische Schicht beschreibt LoRa.

Vom Gateway wird über dessen PHY die Mitteilung empfangen und über Packet Forwarding (Paketweiterleitung) in einen TCP/IP-Stack weitergeleitet, der seinerseits die Kommunikation zum Netzwerk-Server sicherstellt. Die Netzwerkschicht oberhalb der physikalischen Schicht wird als LoRaWAN bezeichnet.

Abbildung 2 und Abbildung 3 zeigen deutlich, dass neben dem Sensor- oder LoRaWAN-Knoten erheblich mehr Infrastruktur erforderlich ist, um das Gesamtsystem zu bilden.

Diese Infrastruktur wird durch Service Provider zur Verfügung gestellt. Neben den kommerziellen Anbietern gibt es auch Services, die kostenfrei genutzt werden können. Drei möchte ich hier nennen.

LORIOT ist ein 2015 gegründetes Schweizer Start-Up im Bereich Internet der Dinge.

Das Kernprodukt ist heute Software für den skalierbaren, verteilten, robusten Betrieb von LoRaWAN-Netzwerken und End-to-End-Anwendungen, die unter einer Vielzahl von Geschäftsmodellen angeboten werden.

LORIOT

https://www.loriot.io/

Kostenfreies Angebot für bis zu 10 Devices und 1 Gateway.

ReslOT™ (Ublsoftware Ltd.)

Entwicklung innovativer und effektiver Tools für das Management von LPWAN-Netzwerken.

Kostenfreies Angebot für 15 Devices und 1 Gateway.

https://www.resiot.io

The Things Network (TTN) ist eine offene IoT Infrastruktur, die von ihren Mitgliedern unterstützt wird.

Mitglieder tragen dazu bei, indem sie Gateways platzieren oder Netzwerkserver betreiben.

THE THINGS
N E T W O R K

https://www.thethingsnetwork.org/

Zusammen wird ein sicheres und redundantes kollaboratives Netzwerk geschaffen. TTN entwickelt sich zu einem robusten und stabilen globalen Netzwerk und bietet Konnektivität dort, wo sie benötigt wird.

Es gibt eine wachsende Anzahl weiterer Anbieter die aber aktuell im Netz gesucht werden müssen. Durch Eingabe von „LoRaWAN Service Provider" findet Google am 22.08.2018 schon mal „Ungefähr 900'000 Ergebnisse (0.49 Sekunden)". Da wird der eine oder andere Treffer wohl dabei sein.

4. The Things Network (TTN)

LoRaWAN ist auch das primäre Protokoll, das von TTN übernommen wurde. Die Initiative steuerte das Crowdsourcing eines kompletten IoT-Datennetzes für die Stadt Amsterdam und ist auch in anderen Ballungszentren aktiv.

TTN verwendet und ermöglicht es, ohne 2G/3G/4G oder WiFi mit dem Internet zu kommunizieren. Handy-Abos oder WLAN-Zugangsdaten werden nicht gebraucht.

Dadurch, dass sich LoRaWAN durch große Reichweite und geringe Bandbreite auszeichnet und nur einen geringen Stromverbrauch aufweist, ist es perfekt für das Internet der Dinge geeignet.

In diesem Jahr feiert TTN seinen dritten Jahrestag und kann auf eine tolle Entwicklung zurückblicken, die stark von der Community getragen ist (Abbildung 4).

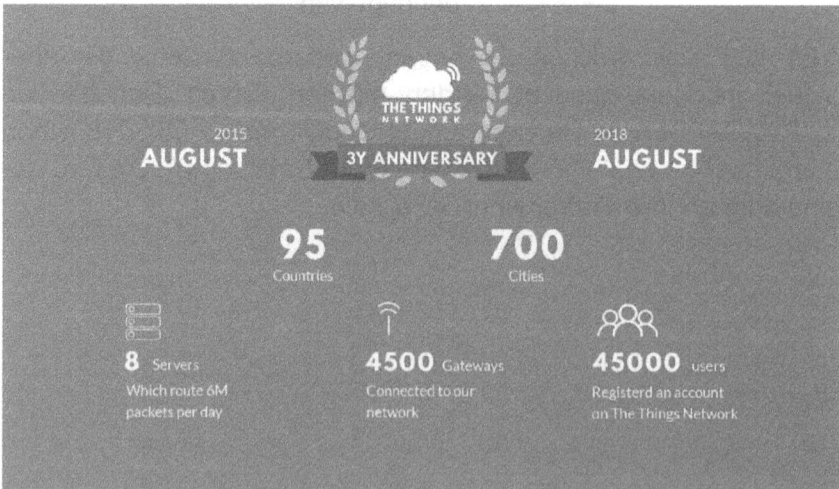

Abbildung 4   Bilanz nach drei Jahren

45'000 registrierte Nutzer und 4'500 Gateways zum TTN-Server sprechen für eine intensive Nutzung der TTN-Infrastruktur (Abbildung 5).

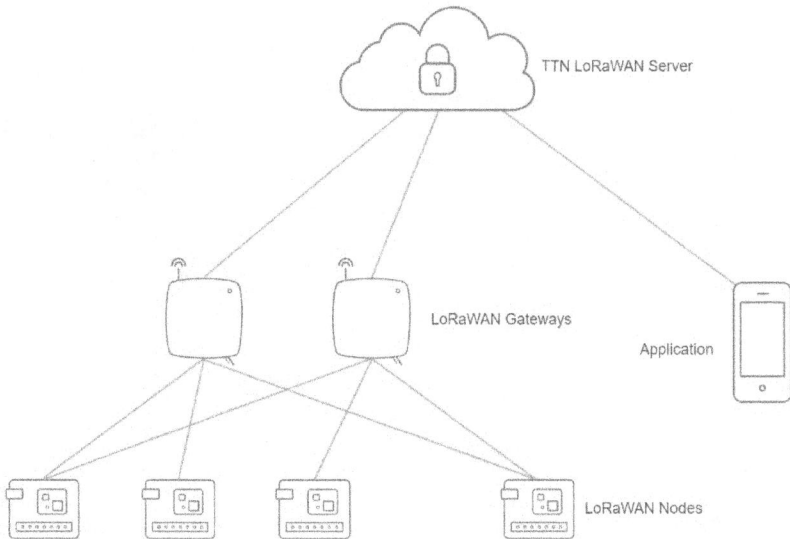

Abbildung 5   TTN-Infrastruktur

Für die LoRaWAN-Nodes und die LoRaWAN-Gateways gibt es Hardware von *TTN*, die über die bekannten Distributoren, z.B. Farnell (https://de.farnell.com/search?st=TTN) bezogen werden kann. Der Einsatz von Hardware von Drittanbietern ist ebenso möglich.

Abbildung 6 zeigt ein aktuelles Mapping der Gateways für Zentral-Europa.

Abbildung 6   TTN Mapping Europe
(https://www.thethingsnetwork.org/map, am 20.08.2018)

Betrachtet man Abbildung 6 genauer, dann kann man aber auch deutlich die unterschiedliche Abdeckung in den einzelnen Gebieten erkennen.

Hat man Gateways in seiner Nähe, dann sind erstmal alle Voraussetzungen für die Integration des eigenen LoRaWAN-Knoten ins TTN gegeben. Zumindest in den Ballungsgebieten sollte das gegeben sein. In den Niederlanden, Süd-Deutschland und der Schweiz ist bereits heute das Netz an Gateways recht dicht.

Anderenfalls kann ein eigenes LoRaWAN-Gateway helfen. Wenn man die Kosten für ein voll ausgestattetes Gateway scheut, dann kann auch mit einem Single-Channel-Gateway, wie z.B. Dragino LG01 (http://bit.ly/2PsoVv0), begonnen werden.

5. LoRa-Transceivers

LoRa-Transceiver verfügen über ein Funkmodem mit großer Reichweite, das eine Breitband-Spread-Spectrum-Kommunikation und eine hohe Störfestigkeit bietet und gleichzeitig den Stromverbrauch minimiert.

5.1. Semtech LoRa-Transceiver

Die von der Fa. Semtech (https://www.semtech.com) patentierte Modulationstechnik ermöglicht Transceivern innerhalb dieser Produktfamilie Sensitivitäten von -137 dBm bzw. -148 dBm zu erreichen. Die hohe Empfindlichkeit kombiniert mit dem + 22 dBm-Leistungsverstärker macht diese Transceiver für jede Anwendung, die eine Reichweite oder Robustheit erfordert, optimal.

Die LoRa-RF-Plattform bietet eine kostengünstige Lösung für den Anschluss batteriebetriebener Geräte an die Netzwerkinfrastruktur. Eine Liste der verfügbaren LoRa-Transceiver von Semtech ist unter http://bit.ly/2nZAL3g zu finden.

Dass es sich bei den LoRa-Transceivers von Semtech um komplexe Module handelt soll mit dem Blockdiagramm des SX1276 verdeutlicht werden.

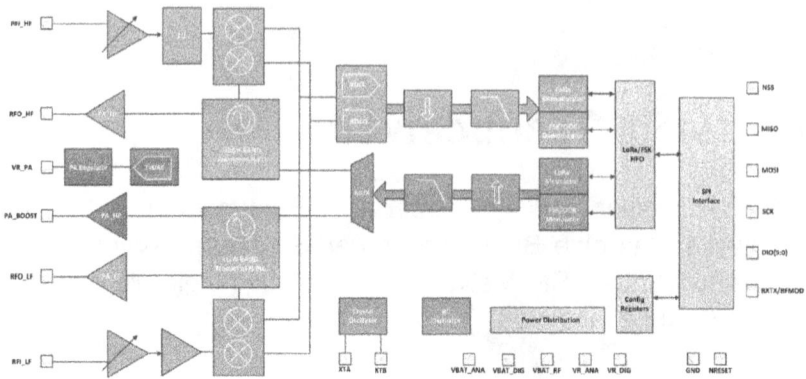

Abbildung 7   Blockdiagramm Semtech SX1276

Die Anforderungen an den über SPI anzuschliessenden Mikrocontroller sind in der Application Note „MCU Requirements for LoRaWAN™" unter http://bit.ly/2BB2wsy formuliert.

5.2.   LoRa-Transceiver Module

In der Regel wird man nur im industriellen Umfeld LoRa-Transceiver-Bausteine bestücken und beim Einsatz als Maker auf ein LoRa-Transceiver-Modul zurückgreifen.

5.2.1.   HopeRF RFM95/96/97/98(W)

Die HopeRF Module RFM95/96/97/98(W) (http://bit.ly/2BByqW3) stellen die SPI-Schnittstelle zum Mikrocontroller zur Verfügung. Die erforderliche Beschaltung der RFM95/96/97/98 wird auf dem Board bereitgestellt (Abbildung 8).

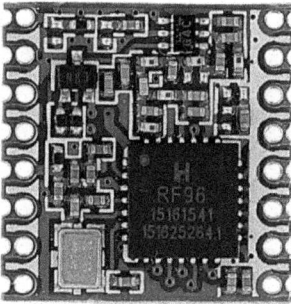

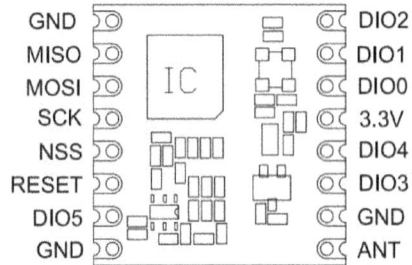

Abbildung 8   HopeRF RFM95

Die dadurch gegebene Möglichkeit der einfachen Integration in ein Anwendungsboard lässt diese Module auf zahlreichen Boards erscheinen.

Hier sind einige willkürliche Beispiele:

- Adafruit Feather M0 with RFM95 LoRa Radio
- Dragino LoRa Shield – 868 MHz v1.3
- LoRa/GPS HAT für Raspberry Pi

Es gibt aber auch Boards, bei denen die Semtech LoRa-Transceiver direkt verbaut sind. Auch hier zwei willkürliche Beispiele:

- radino32 SX1272
- Lora Hack - HPRF

5.2.2. Microchip RN2483

Auf der Modulebene bietet Microchip, ein Lizenznehmer der LoRa-IP, das LoRa-Modul RN2483 für europäische Anwendungen bei 868 MHz an (Abbildung 9).

Abbildung 9   Microchip RN2483

Das Modul enthält einen anwendungsspezifischen Mikrocontroller mit dem LoRa-Protokollstack, einen LoRa-kompatiblen Funk-Transceiver, ein serielles EEPROM, der dem Gerät eine eindeutige EUI-64-Kennung zur Verfügung stellt und vierzehn Eingangs-/Ausgangspins (I/O) für analoge oder digitale Sensoreingänge, Schalter oder Statusanzeigen.

Da Modul ist für den Einsatz der Klasse A ausgelegt und erreicht einen Betrieb über große Distanzen mit einem integrierten hocheffizienten Leistungsverstärker für +18,5 dBm (+14 dBm im RN2483), verbunden mit einer Empfangsempfindlichkeit von -146 dBm.

Durch die auch hier gegebene einfache Integration findet sich das Modul beispielsweise auf dem „The Things Uno" in Kombination mit einem Arduino Uno. Die Kommunikation zwischen Arduino Uno und RN2483 erfolgt hier über eine UART-Schnittstelle.

5.2.3. Murata CMWX1ZZABZ

Murata arbeitete mit STMicro und Semtech zusammen, um ein kostengünstiges LoRaWAN-Modul mit kleinem Formfaktor zu entwickeln (Abbildung 10).

Abbildung 10   Murata CMWX1ZZABZ-Modul

Das Murata CMWX1ZZABZ-Modul verfügt über vorzertifizierte Funkzulassungen für den Betrieb im ISM-Frequenzbereich (868 und 915 MHz) in den meisten geografischen Regionen der Welt. Gut verifizierte Hardware und Software dieses Moduls für Entwickler sind auf der LoRa-Plattform verfügbar.

Das Modul wird im Arduino MKR WAN 1300 in Kombination mit einem SAMD21 von Atmel eingesetzt. Die Kommunikation zwischen dem SAMD21 und dem CMWX1ZZABZ-Modul erfolgt über eine UART-Schnittstelle

6. LoRaWAN-Knoten

Aus schaltungstechnischer Sicht wird ein LoRaWAN-Knoten durch die Kombination eines Mikrocontrollers mit einem LoRa-Transceiver gebildet.

Es gibt bereits zahlreiche kommerzielle LoRaWAN-Sensor-Knoten, die für den industriellen Einsatz konzipiert sind.

Einen recht guten Überblick über das verfügbare Angebot bekommt man über die Website der Fa. Smartmakers (https://smartmakers.io/de/m/lorawan/?p=1) und deren Webshop.

Als Beispiel möchte ich den Elsys ERS Lite - LoRaWAN Raumsensor erwähnen, der Raumtemperatur und Luftfeuchtigkeit erfasst und über LoRaWAN versendet (Abbildung 11).

Abbildung 11   ERS Lite - LoRaWAN Raumsensor

Der Raumsensor wird von zwei 3,6V AA Lithium-Batterien gespeist. Die Batterielebensdauer wird auf bis zu 10 Jahre geschätzt (abhängig von Probenintervall, Sendeintervall, Datenrate und Umgebungsfaktoren). Das Gerät kann auch mit einer externen Spannungsquelle betrieben werden (5-15 V DC).

Per NFC (*Near Field Communication*) können mit der App "Sensor Settings" Sample Rate, Datenrate, Sicherheits-Schlüssel, Trigger, Aktivierung etc. konfiguriert werden.

Neben den kommerziellen LoRaWAN-Devices ist eine Reihe von Knoten auf Modulbasis zu finden, die für den Einsatz hier geeignet sind. Einige davon wurden bereits im letzten Abschnitt erwähnt. Das diese Module nicht die Funktionalität der kommerziellen LoRaWAN-Devices aufweisen ist dabei naheliegend und sicher auch verständlich.

In Tabelle 1 sind Module mit Beschaffungsmöglichkeit und Preis zusammengestellt, die für den Aufbau eines einfachen und kostengünstigen LoRaWAN-Knotens herangezogen werden können.

Modul	CPU	Bezug	Preis
Adafruit Feather M0 RFM69HCW Packet Radio	SAMD21G18	http://bit.ly/2BFE5dA	$ 24.95
Dragino LoRa Shield – 868 MHz v1.3	%	https://amzn.to/2BFanp8	€ 29.90
LoRaGo MOTE	ATmega328p	http://bit.ly/2BG1ICZ	€ 21.95
radino32 SX1272	STM32L151CC	http://bit.ly/2BBnli6	€ 29.90
Heltec WIFI LoRa 32	ESP32	http://bit.ly/2o1nSFZ	€ 16.29
Lora Hack - HPRF	ATmega328p	http://bit.ly/2BDWasn	€ 29.52
Arduino MKR WAN 1300	SAMD21G18	http://bit.ly/2MJqEOP	€ 35.00

Tabelle 1   Module für LoRaWAN-Knoten

Beim Dragino LoRa Shield muss berücksichtigt werden, dass hier noch ein Arduino Uno zum Einsatz kommen muss. Das verändert die Kosten dann erheblich.

Das LoRaGo MOTE Modul der finnischen Fa. Sandbox Electronics bietet eine Kombination aus ATmega328p und RN2483 an.

Das radino32 SX1272 Modul ist ein kompaktes Modul der radino-Baureihe und ist eine Kombination aus einem leistungsstarken Cortex-M3 Mikrocontroller STM32L151 und dem LoRa-Transceiver SX1272.

Das auf dem ESP32 von Espressif aufbauende Heltec WiFi Lora 32 stellt insofern eine Ausnahme dar, dass zusätzlich WiFi und BLE sowie ein OLED-Display auf dem Board vorhanden sind, was für die Energiebilanz eines batteriebetriebenen LoRaWAN-Knotens sicher wenig dienlich ist. Ist die Stromversorgung kein Problem, dann ist das Board als IoT-Knoten sehr interessant.

Der Arduino MKR WAN 1300 ist ein Board der Arduino MKR Series, welches aus einer Kombination eines SAMD21 Cortex-M0+ 32-Bit Low Power ARM MCU und einem Murata LPWA Module CMWX1ZZABZ besteht. Damit hat nun auch die Arduino Familie ein LoRa-fähiges Modul aufzuweisen.

Beim hier gesuchten Low-Cost-Ansatz läuft es darauf hinaus, dass ein geeigneter Mikrocontroller mit einem LoRa-Transceiver kombiniert wird.

Als geeignet ist eine Kombination von Mikrocontroller und LoRa-Transceiver dann anzusehen, wenn neben der LoRaWAN-Verbindung auch Batteriebetrieb möglich ist, was in starkem Masse durch den eingesetzten Mikrocontroller und die manchmal dem entgegenlaufende Beschaltung (z.B. mit LEDs) bestimmt wird.

7. Reduzierung des Strombedarfs

Bei batteriebetriebenen IoT-Knoten, die drahtlos kommunizieren, muss der Leistungsbedarf auf die absolut erforderliche Zeit reduziert werden.

Dass bedeutet, dass der IoT-Knoten nach Erfassung und Übermittlung der Sensordaten in einen Schlafzustand versetzt werden muss.

Gemäß der Beziehung

$$\bar{I} = \frac{I_{OP} * t_{OP} + I_{SLEEP} * t_{SLEEP}}{t_{OP} + t_{SLEEP}}$$

wird die mittlere Stromaufnahme $\bar{I}$ umso geringer werden, je grösser das Verhältnis von Schlafzeit t_{SLEEP} zu Betriebszeit t_{OP} ist.

Der Betriebsstrom I_{OP} wird durch die Stromaufnahme des Mikrocontrollers (und dessen Peripherie) und den LoRa-Transceiver bestimmt, während die Stromaufnahme während des Schlafzustands I_{SLEEP} weitgehend durch den eingesetzten Mikrocontroller und dessen Schlafmodi definiert ist.

Für einen WiFi-basierten IoT-Knoten auf Basis eines NodeMCU (ESP8266) habe ich das Verhalten untersucht. Die Resultate sind in [2] nachzulesen.

Es konnte gezeigt werden, dass bei Reduzierung der Phasen mit hohem Strombedarf auf das absolute Minimum und hinreichend langen Schlaf-Phasen selbst bei Einsatz von WiFi-Komponenten eine hinreichend große Batterielebensdauer erreicht wurde. Bei Einsatz von LiPo-Akkus und Pufferung durch eine Solarzelle kann die Betriebsdauer auch bei nicht optimaler Nachladung deutlich verlängert werden.

Für die jeweils einzusetzenden LoRaWAN-Module sind deshalb die Schlafmodi sowie die möglichen Wakeup-Bedingungen zu untersuchen.

Der auf dem LoRaGo MOTE/Arduino Nano verbaute ATmega328p weist eine Reihe von Schlafmodi auf, die in der folgenden Tabelle aus dem Datenblatt zusammengefasst sind.

Sleep Mode	Active Clock Domains					Oscillators		Wake-up Sources							
	clk_{CPU}	clk_{FLASH}	clk_{IO}	clk_{ADC}	clk_{ASY}	Main Clock Source Enabled	Timer Oscillator Enabled	INT1, INT0 and Pin Change	TWI Address Match	Timer2	SPM/EEPROM Ready	ADC	WDT	Other I/O	Software BOD Disable
Idle			X	X	X	X	X[2]	X	X	X	X	X	X	X	
ADC Noise Reduction				X	X	X	X[2]	X[3]	X	X[2]	X	X	X		
Power-down								X[3]	X				X		X
Power-save					X		X[2]	X[3]	X	X			X		X
Standby[1]						X		X[3]	X				X		X
Extended Standby					X[2]	X	X[2]	X[3]	X	X			X		X

Notes: 1. Only recommended with external crystal or resonator selected as clock source.
2. If Timer/Counter2 is running in asynchronous mode.
3. For INT1 and INT0, only level interrupt.

Tabelle 2   Active Clock Domains and Wakeup Sources in the Different Sleep Modes (http://bit.ly/2P7Ha8d, Power Management and Sleep Modes)

Wurde der ATmega328p in einen der Sleep Modi versetzt, dann kann er durch einen aktivierten Interrupt wieder geweckt werden.

Eine weitere Option ist die Beeinflussung der Stromaufnahme über die Taktfrequenz. Die Stromaufnahme ist proportional zur Taktfrequenz und erreicht bei einer minimalen Taktfrequenz von 62.5 kHz eine Wert von ca. 100 µA (Abbildung 12).

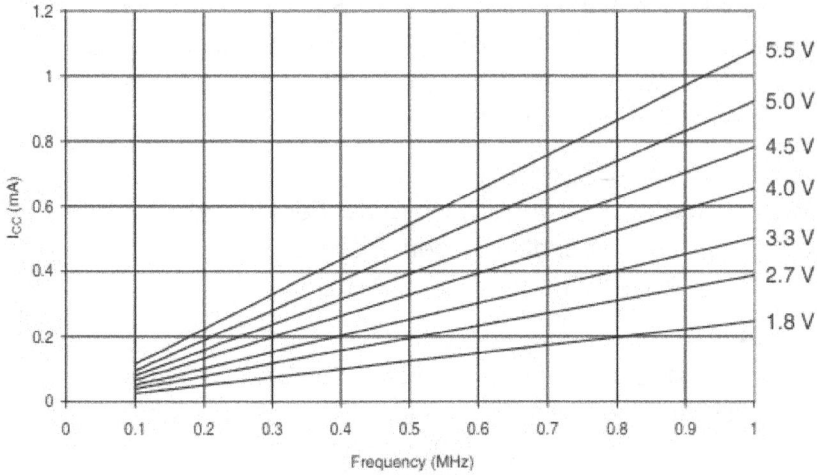

Abbildung 12   Stromaufnahme als Funktion der Taktfrequenz

Nun besteht der hier verwendete LoRaGo MOTE nicht nur aus dem ATmega328p und es gilt weitere Aspekte bei der Stromaufnahme zu beachten. Schaut man in das Schaltbild des Moduls, dann sieht man weitere Verbraucher. Zu nennen sind folgende Schaltungsbestandteile:

Funktion	Bauteil	Stromaufnahme	Sleep Mode
Mikrocontroller	ATmega328p	1.2 mA / 5.5 mA	Idle /Active @ 8 MHz
Spannungsregler	TLV1117-50CDRJR	Keine Angabe	
Bustreiber	74HCT1G126	10 μA	
Spannungsregler	LP3982ILD	90 μA	
Gelbe LED		7 mA	ggf. entfernen
Grüne LED		1.7 mA	ggf. entfernen
USB-UART-Bridge	CP2101	200 μA / 22 mA	Suspend Mode
LoRa Transceiver	RN2483	1.6 μA / 38.9 mA	durch Software
Sensor	BMP085	12 μA	

29

Generell muss allerdings gesagt werden, dass Entwicklungsboards dazu dienen, das Prototyping und die Entwicklung zu erleichtern. Sie sind nicht für eine geringe Stromaufnahme optimiert.

Um die Stromaufnahme weitgehend zu reduzieren, muss genau beachtet werden, welche Hardware auf dem Board ist und wie viel Strom diese verbraucht. Mit den Standard-Boards ist das ohne zusätzliche Massnahmen kaum möglich.

Mehrere Stunden ununterbrochene Schlafzeit ohne externe Hardware ist deshalb kaum vorstellbar. Unter Verwendung der ATmega328p Peripherie und eines 32.768 kHz-Kristalls kann das maximale Schlafintervall 2048 Sekunden (etwa 34 Minuten) betragen, wenn alle Prescaler auf ihre maximale Einstellung gesetzt werden [5].

Bei den folgenden Praxistests will ich deshalb die Stromaufnahme vorerst außer Acht lassen und mich auf die LoRaWAN-Funktionalität konzentrieren.

8. LoRaWAN-Knoten Praxistest

8.1. Anwendungen im TTN

Bevor mit einem LoRaWAN-Knoten kommuniziert werden kann, muss die betreffende Anwendung dem Netzwerk, hier dem TTN, hinzugefügt und der in der Anwendung eingesetzte LoRaWAN-Knoten registriert werden.

Nach dem man sich einen TTN Account erstellt hat, gelangt man durch Aufruf von https://console.thethingsnetwork.org in die TTN Console und kann die gewünschte Anwendung durch eine Klick auf APPLICATIONS einrichten (Abbildung 13).

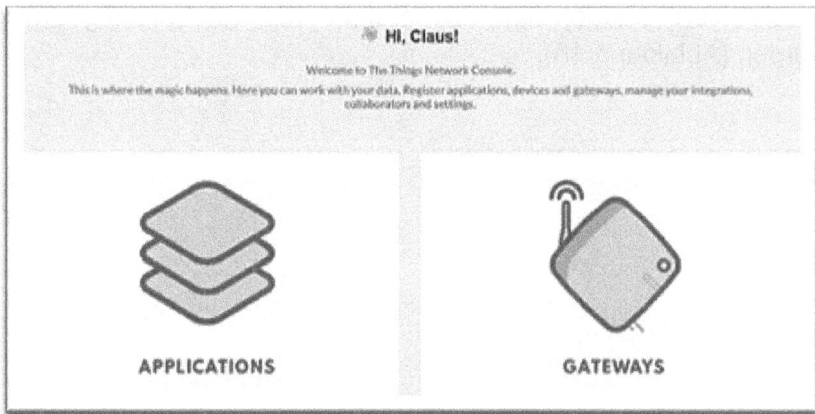

Abbildung 13   TTN Console

Im sich öffnenden *Application Window* sind die bereits eingerichteten Anwendungen sichtbar und durch Klicken des Links *add application* kann eine neue Anwendung eingerichtet werden (Abbildung 14).

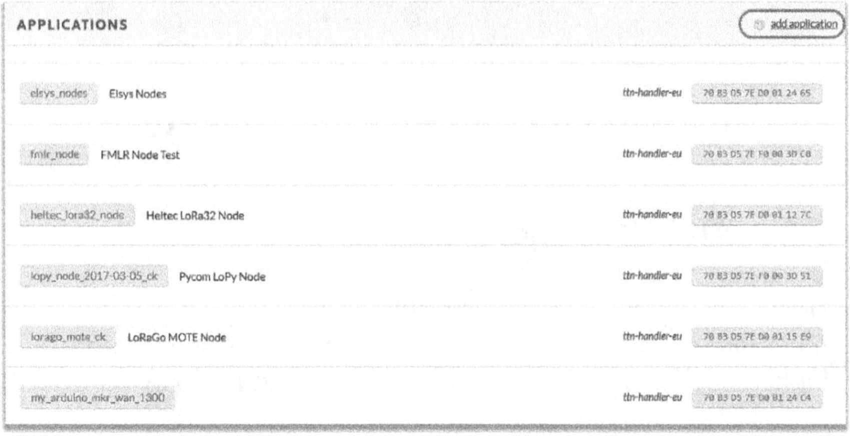

APPLICATIONS   ⊕ add application

elsys_nodes	Elsys Nodes		ttn-handler-eu	70 B3 D5 7E D0 01 24 65
fmlr_node	FMLR Node Test		ttn-handler-eu	70 B3 D5 7E F0 00 30 C8
heltec_lora32_node	Heltec LoRa32 Node		ttn-handler-eu	70 B3 D5 7E D0 01 12 7C
lopy_node_2017-03-05_ck	Pycom LoPy Node		ttn-handler-eu	70 B3 D5 7E F0 00 30 51
lorago_mote_ck	LoRaGo MOTE Node		ttn-handler-eu	70 B3 D5 7E D0 01 15 E9
my_arduino_mkr_wan_1300			ttn-handler-eu	70 B3 D5 7E D0 01 24 C4

Abbildung 14   Anwendung hinzufügen

Die Anwendung ist mit einer eindeutigen Application ID bestehend aus Kleinbuchstaben und Zahlen sowie den Zeichen „_" und „-" zu versehen und durch einen lesbaren Text zu beschreiben. Danach kann der Button *Add application* gedrückt werden (Abbildung 15).

32

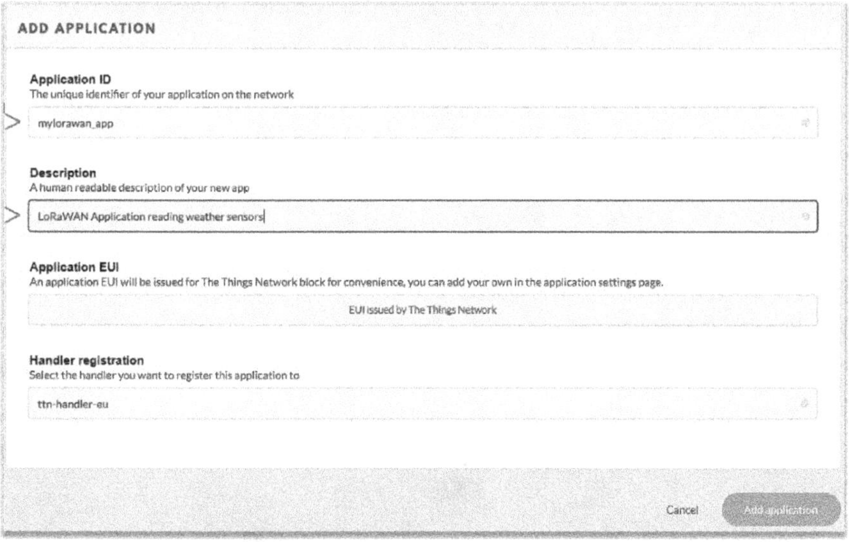

ADD APPLICATION

Application ID
The unique identifier of your application on the network

mylorawan_app

Description
A human readable description of your new app

LoRaWAN Application reading weather sensors

Application EUI
An application EUI will be issued for The Things Network block for convenience, you can add your own in the application settings page.

EUI issued by The Things Network

Handler registration
Select the handler you want to register this application to

ttn-handler-eu

Cancel   Add application

Abbildung 15   Anwendung erstellen

Nach dem Drücken des Buttons *Add application* ist die Anwendung bei TTN eingerichtet und es sind die LoRaWAN-Knoten zu registrieren, die in der Anwendung zum Einsatz kommen werden. Hierzu ist der Link *register device* anzuklicken (Abbildung 16).

33

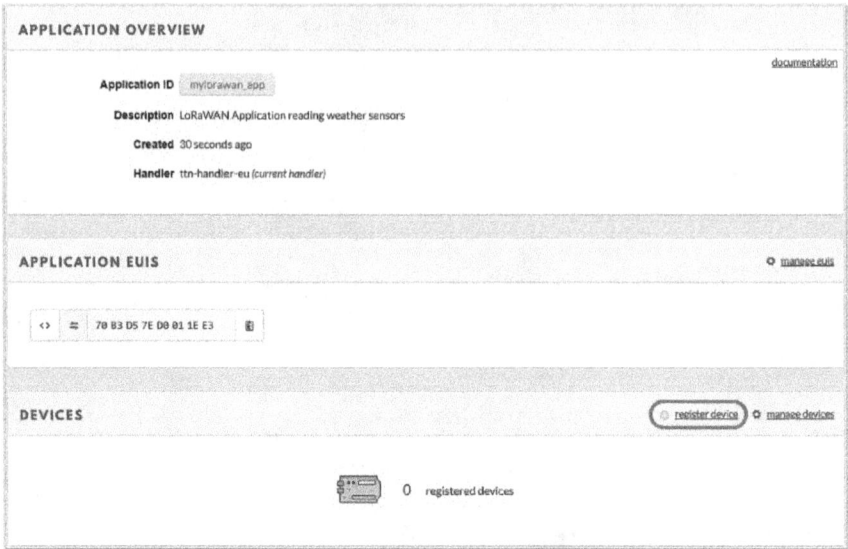

APPLICATION OVERVIEW

Application ID mylorawan_app

Description LoRaWAN Application reading weather sensors

Created 30 seconds ago

Handler ttn-handler-eu *(current handler)*

APPLICATION EUIS ⚙ manage euis

< > ⇌ 70 83 D5 7E D0 01 1E E3 📋

DEVICES ⊕ register device ⚙ manage devices

0 registered devices

Abbildung 16   Anwendung erstellt

Als erstes ist dem zu registrierenden LoRaWAN-Knoten eine eindeutige Device ID zu vergeben. Ich habe hier willkürlich *node_1234* verwendet.

Die Device EUI ist der Identifier für diesen Knoten im Netzwerk. Er wurde hier ebenfalls willkürlich eingegeben, kann aber im Gegensatz zur Device ID später auch geändert werden (Abbildung 17).

34

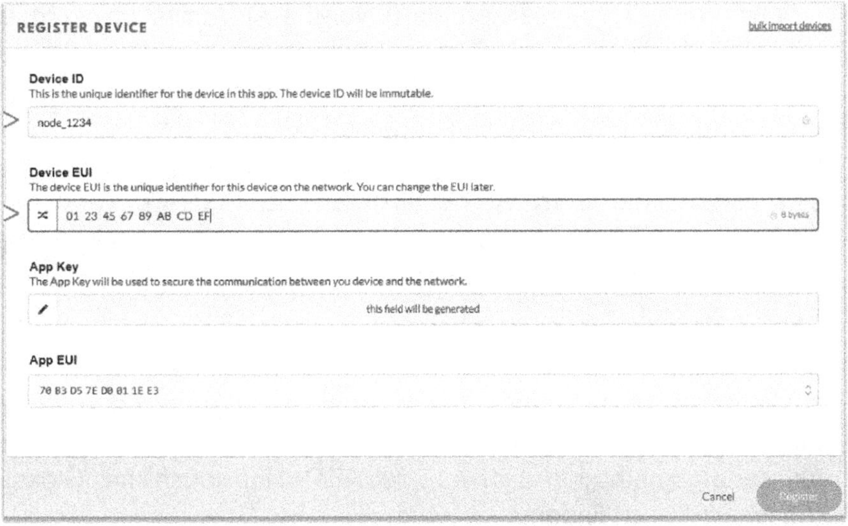

Abbildung 17   LoRaWAN-Knoten registrieren

Nach der Registrierung sind alle Daten für die Aktivierungsmethode OTAA bereit und können in die Konfiguration des LoRaWAN-Knoten übernommen werden (Abbildung 18).

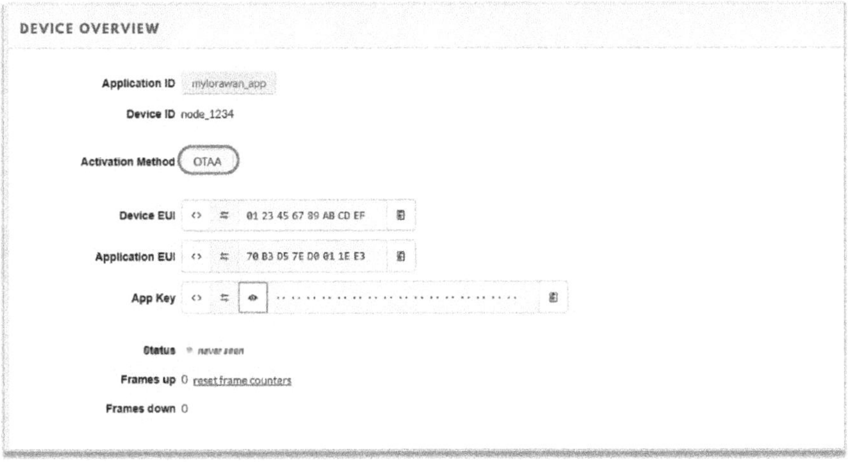

Abbildung 18   TTN Keys für OTAA

35

Neben der OTAA-Aktivierung (Over-the-Air-Activation) gibt es mit ABP (Activation by Personalization) eine weitere Art der Aktivierung. Der Hauptunterschied zwischen den beiden zur Verfügung stehenden Aktivierungsmethoden besteht darin, dass ABP erfordert, die Netzwerkschlüssel zu erzeugen und einzugeben, die zum Authentifizieren des Geräts verwendet werden, wenn es der Anwendung beitritt. Diese Werte werden bei Verwendung von OTAA automatisch abgeleitet.

Mit ABP arbeite ich hier deshalb, weil ich für die Tests ein Single-Channel-Gateway LG-01 einsetze. Hat man ein ausgebautes Multi-Channel-Gateway zur Verfügung, dann ist der Einsatz von OTAA angezeigt. Hinweise zu den Aktivierungsmethoden OTAA und ABP sind auch im Glossar (Abschnitt 10) zu finden.

Über den Menupunkt Settings kann nun auch die ABP-Aktivierung ausgewählt werden. Wie Abbildung 19 zeigt, werden Device Address, Network Session Key und App Session Key von TTN erzeugt und es muss nur noch der Button *Save* gedrückt werden.

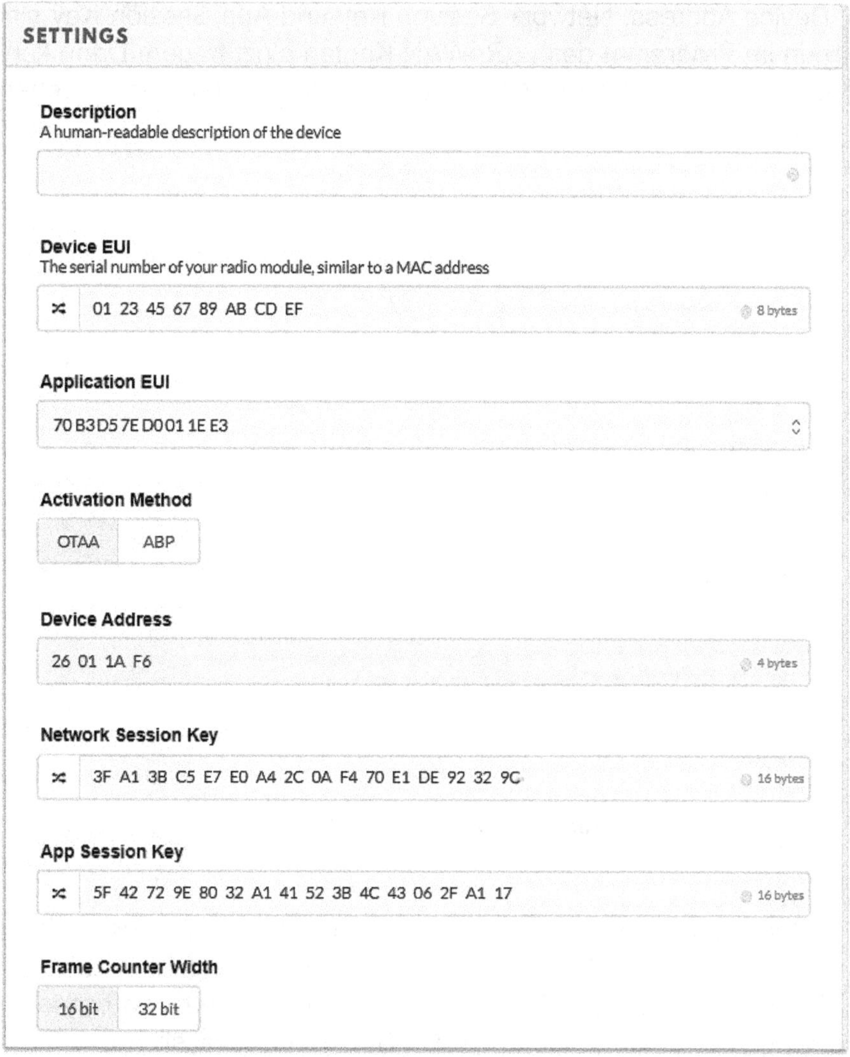

SETTINGS

Description
A human-readable description of the device

Device EUI
The serial number of your radio module, similar to a MAC address

⚡ 01 23 45 67 89 AB CD EF   ⊛ 8 bytes

Application EUI

70 B3 D5 7E D0 01 1E E3   ⌄

Activation Method

OTAA   ABP

Device Address

26 01 1A F6   ⊛ 4 bytes

Network Session Key

⚡ 3F A1 3B C5 E7 E0 A4 2C 0A F4 70 E1 DE 92 32 9C   ⊛ 16 bytes

App Session Key

⚡ 5F 42 72 9E 80 32 A1 41 52 3B 4C 43 06 2F A1 17   ⊛ 16 bytes

Frame Counter Width

16 bit   32 bit

Abbildung 19   Auswahl ABP

Abbildung 20 zeigt nun, dass der LoRaWAN-Knoten mit der Device ID *node_1234* in der Anwendung mit der Application ID *mylorawan_app* registriert ist.

37

Device Address, Network Session Key und App Session Key sind nun im Programm des LoRaWAN-Knoten einzutragen. Dann kann der betreffende LoRaWAN-Knoten von der Anwendung „gesehen" werden.

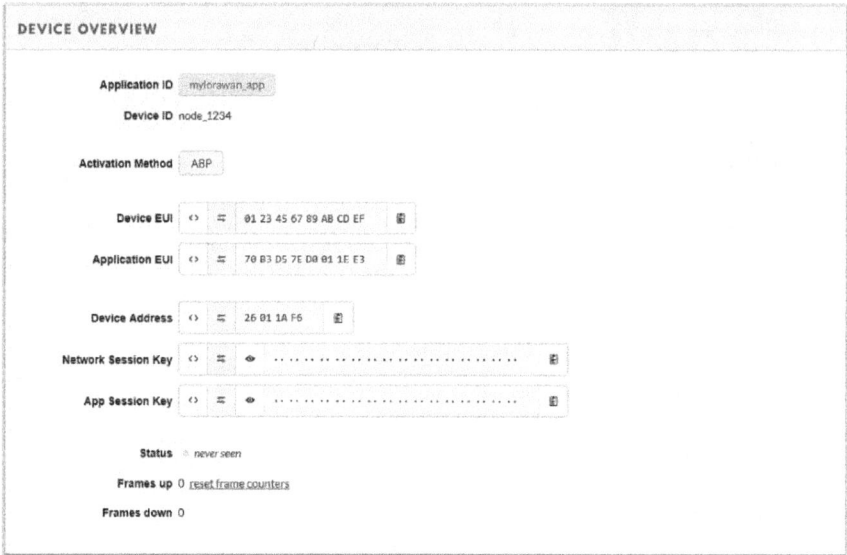

Abbildung 20   Knoten ist registriert

Zum Abschluss der Einrichtung kann noch das Payload Format der Anwendung konvertiert werden. Abbildung 21 zeigt als Beispiel die Konvertierung der im Hex-Format vorliegenden Payload in einen lesbaren ASCII-String einschliesslich des Tests mit Hilfe der Zeichen 0x41 bis 0x43.

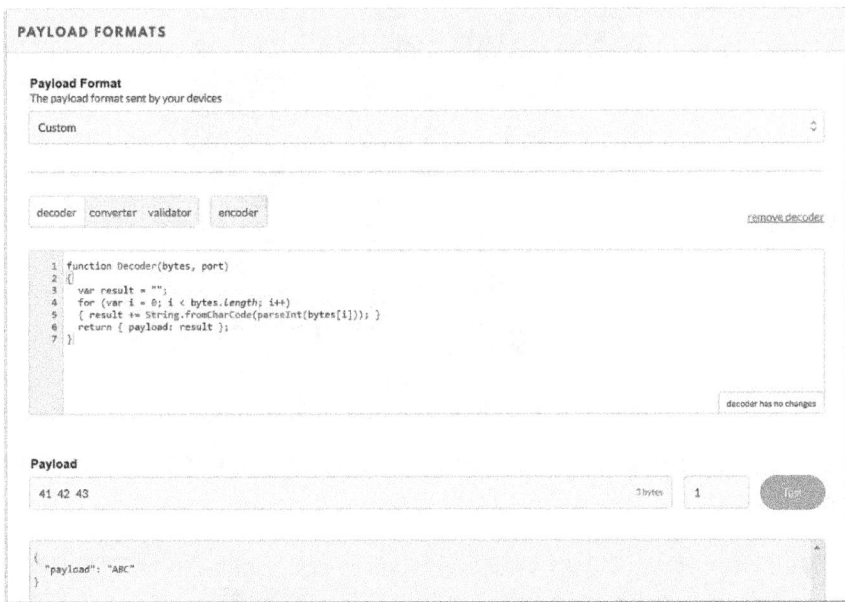

PAYLOAD FORMATS

Payload Format
The payload format sent by your devices

Custom

| decoder | converter | validator | encoder | | remove decoder |

```
1  function Decoder(bytes, port)
2  {
3    var result = "";
4    for (var i = 0; i < bytes.length; i++)
5    { result += String.fromCharCode(parseInt(bytes[i])); }
6    return { payload: result };
7  }
```

decoder has no changes

Payload

41 42 43   3 bytes   1   Test

```
{
  "payload": "ABC"
}
```

Abbildung 21   Konvertierung Payload Format

8.2.   LoRaGo MOTE

Das LoRaGo MOTE Board ist im Grunde ein Arduino Nano in Kombination mit einem Microchip RN2483 (868 MHz) Modul auf einer einzigen Platine. Der PIC18LF46K22, der Teil des RN2483-Moduls ist, ist mit offizieller Firmware programmiert. Die Programmierung der Anwendung erfolgt auf dem ATmega328p.

Abbildung 22 zeigt Arduino Nano und LoRaGo MOTE im Grössenvergleich.

39

Abbildung 22   Arduino Nano vs. LoRaGo MOTE

Aus Abbildung 22 ist ersichtlich, dass das LoRaGo MOTE Board nur unwesentlich länger (100 mil) als ein Arduino Nano ist. Der zusätzliche Platz wird für die u.fl-Buchsen (Antennenbuchsen) benötigt.

Die Programmierung des LoRaGo MOTE erfolgt mit Hilfe der Arduino IDE unter Verwendung der RN2483-Arduino-Library (https://github.com/SandboxElectronics/RN2483-Arduino-Library). Ich arbeite hier mit der Arduino IDE v1.8.5.

Nach dem Download der Library als ZIP wird dieses Archiv über `Sketch -> Include Library -> Add .ZIP Library` in die Arduino IDE aufgenommen. Das Programmbeispiel *LoRaGoMOTE-basic.ino* kann als Vorlage für eigene Programme dienen.

Zur Messung von Temperatur und Luftdruck habe ich einen Sensor BMP085 über den I²C-Bus an das LoRaGo MOTE Modul angeschlossen (Abbildung 23). Den BMP085 gibt es u.a. auf einem Breakout Board von Sparkfun (http://bit.ly/2P9wQfN). Details zum Einsatz des Sensors sind unter [6] zu finden. Da dieser Sensor schon etwas betagt ist, kann er auch durch einen BMP180/280 ersetzt werden.

40

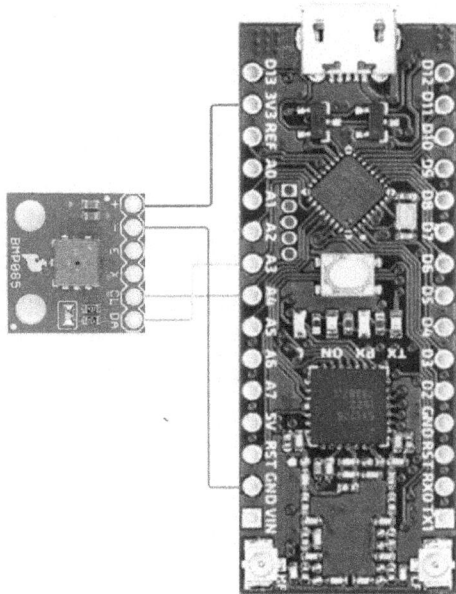

Abbildung 23   LoRaGo MOTE & BMP085

Die komplette Anwendung wird aus den zwei Dateien *LoRaGoMOTE-BMP085-TTN.ino* und *getValue.ino* gebildet, wobei der Aufruf über den ersten Dateinamen erfolgt. Abbildung 24 zeigt die betreffenden Dateien auf meinem PC.

Abbildung 24   Anwendung *LoRaGoMOTE-BMP085-TTN.ino*

Das Programmbeispiel ist, wie alle hier behandelten Programmbeispiele auf Github abgelegt und unter der URL https://github.com/ckuehnel/LoRaWAN-Node zu finden.

Hier können die Quelltexte nur auszugsweise gezeigt und besprochen werden.

Eingebunden werden drei Libraries, die den LoRa-Transceiver RN2483 unterstützen und dessen Ansteuerung über eine Software-UART sicherstellen. Will man die Hardware-UART als Console bzw. Debug-Interface nutzen, dann bleibt beim Arduino-Nano, der nur eine Hardware-UART hat, die Software-Emulation. Für die Ansteuerung des Sensors BMP085 über den I2C-Bus sorgt die Wire-Library.

Über DEBUG steuere ich die Ausgaben des Programms. Im Byte-Array mydata[] werden die zu übertragenen Daten abgelegt.

Mit mySerial(2,3) wird eine Instanz der Klasse SoftwareSerial erzeugt und dieser auch die betreffenden Pins für Rx und Tx mitgeteilt. In gleicher Weise wird mit myLora(mySerial) eine Instanz der Klasse rn2xx3 erzeugt und dieser die zugehörige serielle Schnittstelle mitgeteilt.

```
#include <rn2xx3.h>
#include <SoftwareSerial.h>
#include <Wire.h>              // for reading the BMP085 sensor

#define DEBUG 1

static uint8_t mydata[] = "01234567890123456789";

SoftwareSerial mySerial(2, 3); // RX, TX

//create an instance of the rn2xx3 library,
//giving the software serial as port to use
rn2xx3 myLora(mySerial);
```

In der Funktion `setup()` erfolgen die Deklaration des LED-Pins und eine Reihe von Initialisierungen. Zu diesem Zeitpunkt erfolgt auch die Kalibrierung des Sensors BMP085. Der BMP085 wird werkseitig kalibriert. Elf 16-Bit-Kalibrierungskoeffizienten sind im EEPROM des BMP085 gespeichert. Temperatur und Druck werden mit Hilfe dieser Kalibrierungskoeffizienten korrigiert. Aus dem korrigierten Druck kann schließlich noch die Höhe über dem Meeresspiegel berechnet werden.

Abgeschlossen wir die Funktion `setup()` durch die Initialisierung des LoRa-Transceivers und einem `delay(2000)`, der nur dazu dient, rechtzeitig nach erfolgten Programm-Upload den Monitor über Eingabe von Ctrl-M über die Tastatur zu aktivieren.

```
void setup()
{
  //output LED pin
  pinMode(13, OUTPUT);
  led_on();

  // Open serial communications and wait for port to open:
  Serial.begin(57600); //serial port to computer
  mySerial.begin(9600); //serial port to radio
  Serial.println("Startup");

  Wire.begin();
```

```
Serial.println("BMP085 Calibration");
bmp085Calibration();

Serial.println("Radio Initialization");
initialize_radio();

led_off();
delay(2000);
}
```

Die im Folgenden nur ausschnittsweise gezeigte Funktion `initialize_radio()` zeigt die Übergabe der TTN-Keys für das in der betreffenden Anwendung registrierte LoRaWAN-Device. Abbildung 25 zeigt die TTN-Keys für die ABP-Aktivierung, die in der Funktion `initialize_radio()` einzutragen sind.

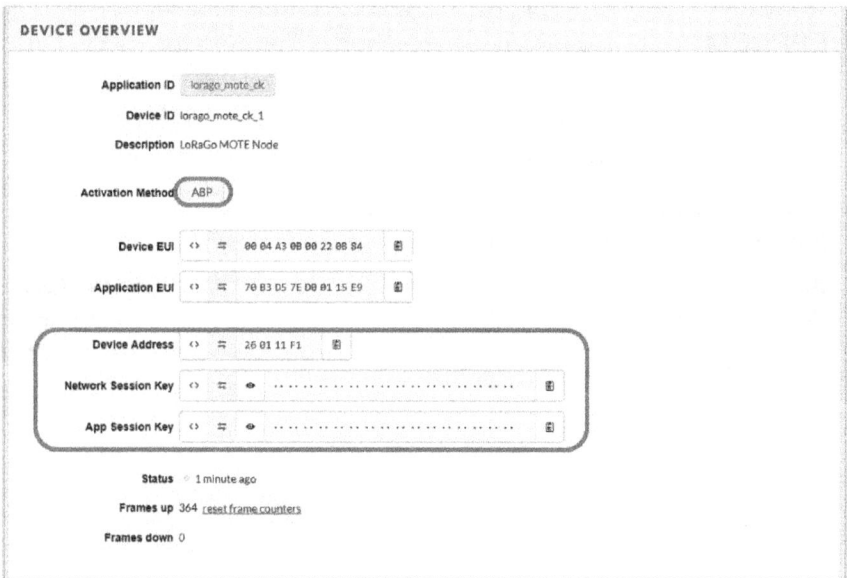

DEVICE OVERVIEW

Application ID	lorago_mote_ck
Device ID	lorago_mote_ck_1
Description	LoRaGo MOTE Node
Activation Method	ABP
Device EUI	00 04 A3 0B 00 22 00 84
Application EUI	70 B3 D5 7E D0 01 15 E9
Device Address	26 01 11 F1
Network Session Key	. . . .
App Session Key	. . . .
Status	1 minute ago
Frames up	364 reset frame counters
Frames down	0

Abbildung 25 TTN Keys

44

```
void initialize_radio()
{
...
  /*
   * ABP: initABP(String addr, String AppSKey, String NwkSKey);
   * Paste the example code from the TTN console here:
   */
  const char *devAddr = "260111F1";
  const char *nwkSKey = "CF8D3A8xxxxxxxxxxxxxxxxxxxxAAE7BEF48";
  const char *appSKey = "E8A496Dxxxxxxxxxxxxxxxxxxx5499D7FFA";

  join_result = myLora.initABP(devAddr, appSKey, nwkSKey);

  /*
   * OTAA: initOTAA(String AppEUI, String AppKey);
   * If you are using OTAA, paste the example code from the TTN console
here:
   */
  //const char *appEui = "70B3D57ED00001A6";
  //const char *appKey = "A23C96EE13804963F8C2BD6285448198";

  //join_result = myLora.initOTAA(appEui, appKey);

...
  Serial.println("Successfully joined TTN");
}
```

In der Endlosschleife `loop()` wird nun durch die eingeschaltete LED die Abfrage des Sensors BMP085 und das Versenden der LoRaWAN-Message markiert. Nach einer Wartezeit von fünf Sekunden wiederholt sicher dieser Vorgang.

```
void loop()
{
    led_on();

    if (!DEBUG) Serial.println("TXing");
    getValues();
    myLora.tx(mydata);     // message from getValue()

    led_off();
    delay(5000);
}
```

Die Abfrage des Sensors erfolgt durch die Funktion `getValues()`, die in das Sketch *getValue.ino* ausgelagert ist.

Die Abfrage des Sensors BMP085 basiert auf dem

BMP085 Extended Example Code
by: Jim Lindblom
SparkFun Electronics
date: 1/18/11
updated: 2/26/13

Auf die Kalibrierung möchte ich hier nicht eingehen, denn diese ist unverändert übernommen worden. Hier ist in erster Linie die Abfrage der Messwerte von Interesse. Temperatur und Druck werden vom Sensor ermittelt und abgefragt. Die Höhe über dem Meeresspiegel wird aus dem Druck berechnet.

Die als Gleitkommazahl (`float`) vorliegenden Werte werden mit Hilfe der Funktion `dtostr()` in Strings konvertiert, die dann mit Hilfe von `strcpy()` und `strcat()` zum zu versendenden Byte-Array `mydata[]` zusammengestellt werden.

```
void getValues()
{
  temperature = bmp085GetTemperature(bmp085ReadUT());
  pressure = bmp085GetPressure(bmp085ReadUP());
  altitude = (float)44330 * (1 - pow(((float) pressure/p0),
0.190295));

  if (DEBUG)
  {
    Serial.print("Temperature: ");
    Serial.print((float) temperature/10, 1);
    Serial.println(" °C");
    Serial.print("Pressure:    ");
    Serial.print(pressure, DEC);
    Serial.println(" Pa");
    Serial.print("Altitude:    ");
    Serial.print(altitude, 2);
    Serial.println(" m");
    Serial.println();
  }
```

```
float TemperatureC = (float) temperature/10; // temperature
converted to float
  char sTemperatureC[10]; // Buffer big enough for 7-
character float
  dtostrf(TemperatureC, 5, 1, sTemperatureC);  // Leave room
for too large numbers!
  //Serial.println(sTemperatureC);

  char sPressure[10];
  dtostrf(pressure, 6, 0, sPressure);
  //Serial.println(sPressure);

  char sAltitude[10];
  dtostrf(altitude, 7, 2, sAltitude);
  //Serial.println(sAltitude);

  strcpy(mydata, sTemperatureC);
  strcat(mydata, ",");
  strcat(mydata, sPressure);
  strcat(mydata, ",");
  strcat(mydata, sAltitude);

  if (DEBUG)
  {
    for (int i = 0; i < strlen(mydata); i++)
Serial.print(char(mydata[i]));
    Serial.println("\n");
  }
}
```

Abschließend sind Abbildung 26 noch die vom LoRaGo MOTE Modul versendeten Messages in der TTN-Anwendung zu sehen. Eingeblendet ist ein Terminalfenster mit den Ausgaben über die serielle Schnittstelle des LoRaGo MOTE Moduls.

Es ist deutlich zu sehen, dass nicht jede vom LoRaGo MOTE Modul ausgegebene Message die Anwendung erreicht. Das liegt in der Verwendung des Single-Channel-Gateways begründet, welches nur Messages einer Frequenz weiterleitet.

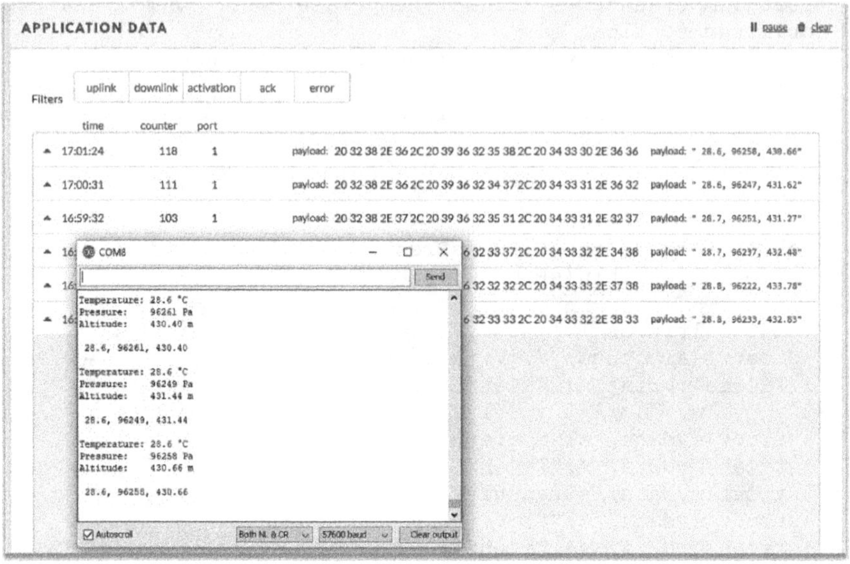

Abbildung 26 LoRaGo MOTE Messages

8.3. radino32 SX1272

Das radino32 SX1272 der Dresdner Fa. In-Circuit kombiniert einen Mikrocontroller STM32L151 mit dem LoRa-Transceiver SX1272 in einem EMV-gerechten Modul mit kompaktem Formfaktor (Abbildung 27).

Abbildung 27   radino32 SX1272

Technische Informationen und Hinweise zur Installation sind auf der Website des Herstellers unter http://bit.ly/2of85Ug zu finden.

Der Kern des radino32 SX1272 ist der leistungsstarke Mikrocontroller STM32L151 von STMicroelectronics, der mit 32-bit ARM® Cortex®-M3 CPU, 32 KByte RAM, 256 KByte Flash und 8 KByte EPROM genügend Ressourcen für die komplexe Funktionalität eines IoT-Knotens bietet.

Der radino32 SX1272 ist Teil der radino-Serie, die komplette Arduino-kompatible drahtlose Kommunikationsgeräte in einem kleinen Format bereitstellt. Alle radino-Module sind Pin-to-Pin-kompatibel.

Der In-Circuit radino Spider (Abbildung 28) verbindet alle radino-Module zu zwei Pin-Reihen im Raster 2,54 mm breadboard-kompatibel für eine schnelle Anwendungsentwicklung.

Abbildung 28
radino Spider mit radino32 SX1272

Der radino Spider hat die typischen Arduino LEDs IO13, RXLED, TXLED und den Reset Button angeschlossen und ist voll Arduino kompatibel.

Neben der Hardware steht außerdem noch die IBM LoRaWAN C-Bibliothek (LMiC), eine portable Implementierung der LoRa-MAC-Spezifikation in C zur Verfügung. Die LMiC-Library unterstützt sowohl die EU-868-als auch die US-915-Variante der Spezifikation sowie Class A und B End-Devices [5].

50

Diese Bibliothek benötigt die Arduino IDE Version 1.6.6 oder höher, da der C99-Modus standardmäßig aktiviert sein muss. Die LMiC-Library kann von Github installiert werden (https://github.com/matthijskooijman/arduino-lmic).

Auf der Website des Herstellers In-Circuit ist ein umfangreiches Wiki zu Installation und Inbetriebnahme des radino32 SX1272 Moduls vorhanden, welches unbedingt konsultiert werden sollte (http://bit.ly/2of85Ug).

Der Boards Manager der Arduino IDE benötigt die folgende URL zur Installation der radino32 Software (Abbildung 29):

```
http://library.radino.cc/Arduino_1_8/package_radino_radino32
_index.json
```

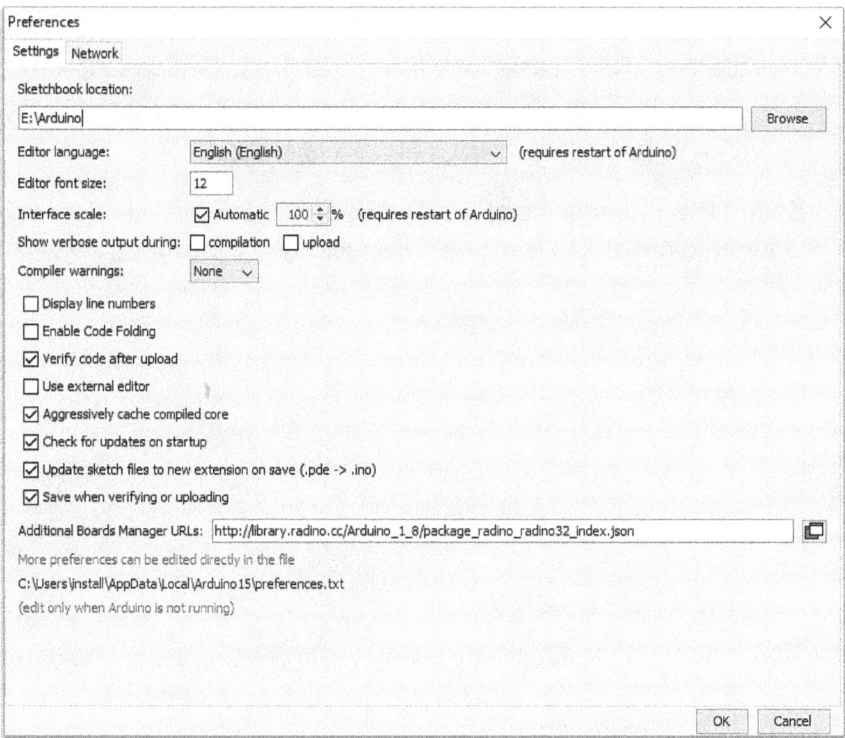

Abbildung 29   Installation der radino32 Software

Die von In-Circuits für radino32 SX1272 angepasste LMiC Library ist aktuell noch nicht in das Gesamtpaket integriert und muss deshalb separat von der Website des Herstellers https://library.radino.cc/Library/20180125_LMIC4Radino32.zip heruntergeladen und in das Library-Verzeichnis kopiert werden.

Windows installiert außerdem den falschen Treiber für den Bootloader, so dass hier nach der unter der URL http://bit.ly/2N2UTjc beschriebenen Vorgehensweise der von ST bereitgestellte Treiber für das STM32 Virtual Com Port (USB UART) installiert werden muss.

Das radino32 SX1272 Modul muss von Hand in den Bootloader-Mode versetzt werden. Hinweise hierzu sind unter http://bit.ly/2wy5Xvi zu finden. Auf dem radino Spider sind RST und BSL Buttons vorhanden und der Vorgang gestaltet sich damit sehr einfach (Versorgungsspannung anlegen, BSL- und RST-Taste drücken, RST-Taste loslassen, BSL-Taste loslassen).

Bei weiteren Problemen zu radino Modulen in der Arduino IDE findet man Hilfe unter der URL http://bit.ly/2oniLjo.

Beim Programmbeispiel *radino32-SX1272-TTN-ABP.ino* wird wiederum die ABP-Aktivierung herangezogen (Abbildung 30).

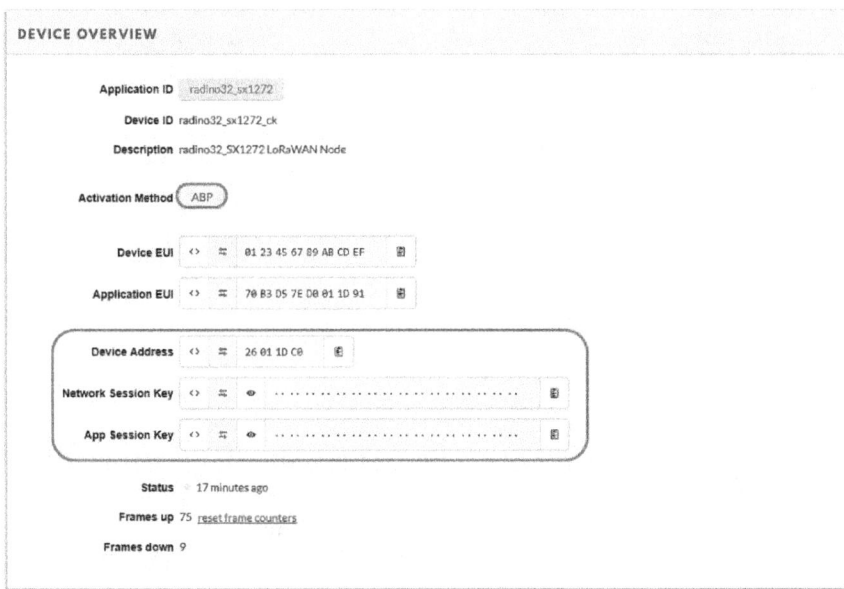

Abbildung 30   TTN Keys

Eingebunden werden die ersten drei Libraries für den Zugriff auf den LoRa-Transceiver SX1272 und die letzten beiden für den Zugriff auf die LMiC-Library.

In die Byte-Arrays `NWKSKEY[16]` und `APPSKEY[16]` werden die TTN Keys und in die Konstante `DEVADDR` die generierte Deviceadresse aus der Registrierung des LoRaWAN-Knotens übernommen.

```
#include <SPI.h>
#include <stm32/l1/iwdg.h>
#include <radino32_sx1272.h>

#include <lmic.h>
#include <hal/hal.h>

// This key should be in big endian format (or, since it is not really a
// number but a block of memory, endianness does not really apply). In
// practice, a key taken from ttnctl can be copied as-is.
// LoRaWAN NwkSKey, network session key
```

53

```
// Use the key issued from TTN after device registration
static const PROGMEM ul_t NWKSKEY[16] = { 0xE7, 0xDB, 0x64,
0xC5, 0xAA, 0x1E, 0x4E, 0x2C, 0x27, 0x66, 0x67, 0x5B, 0xC6,
0xE5, 0x22, 0xA4 };

// LoRaWAN AppSKey, application session key
// Use the key issued from TTN after device registration
static const ul_t PROGMEM APPSKEY[16] = { 0xC8, 0x14, 0x9D,
0x15, 0xAA, 0xF1, 0x06, 0x5A, 0x46, 0x92, 0x91, 0x7A, 0x73,
0x68, 0xF8, 0xDB };

// LoRaWAN end-device address (DevAddr)
static const u4_t DEVADDR = 0x26011DC0 ; // <-- Change this
address for every node!
```

Im Byte-Array `mydata[]` ist die zu versendende Message verpackt. Ich begnüge mich hier mit dem String „radino32 SX1272" und schliesse keinen separaten Sensor an. Mit `TX_INTERVAL = 60` geben ich einen Intervall zum Versenden der Message von 60 Sekunden vor. Die Pins für das SPI-Interface zum SX1272 sind in der Konstanten `lmic_pins` definiert. Zum Abschluss wird noch die LED konfiguriert, die zur Anzeige bestimmter Zustände verwendet wird.

```
static uint8_t mydata[] = "radino32 SX1272";
static osjob_t sendjob;

// Schedule TX every this many seconds (might become longer
due to duty cycle limitations).
const unsigned TX_INTERVAL = 60;

// Pin mapping
const lmic_pinmap lmic_pins = {
    .nss = PIN_SPI_NSS ,
    .rxtx = LMIC_UNUSED_PIN,
    .rst = PIN_RESET,
    .dio = {PIN_DIO0, PIN_DIO1, PIN_DIO2},
};

const unsigned LED_PIN = BOARD_TX_LED;
```

In der Funktion `onEvent()` werden alle Events behandelt. So wird beispielsweise bei Verbindungsaufnahme (`EV_JOINING`) die

LED eingeschaltet. Ist die Verbindungsaufnahme erfolgt (EV_JOINED), dann wird die LED wieder ausgeschaltet. Ist das Versenden der Message erfolgt (EV_TXCOMPLETE), dann werden ggf. empfangene Zeichen ausgegeben, die nächste Übertragung zeitlich geplant und die LED ausgeschaltet.

```
void onEvent (ev_t ev) {
    Serial.print(os_getTime());
    Serial.print(": ");
    switch(ev) {
...

        case EV_JOINING:
            Serial.println(F("EV_JOINING"));
            digitalWrite(LED_PIN, HIGH);
            break;
        case EV_JOINED:
            Serial.println(F("EV_JOINED"));

            // Disable link check validation (automatically enabled
            // during join, but not supported by TTN at this time).
            LMIC_setLinkCheckMode(0);
            digitalWrite(LED_PIN, LOW);
            break;
...

        case EV_TXCOMPLETE:
            Serial.println(F("EV_TXCOMPLETE (includes
waiting for RX windows)"));
            if (LMIC.txrxFlags & TXRX_ACK)
              Serial.println(F("Received ack"));
            if (LMIC.dataLen) {
              Serial.println(F("Received "));
              Serial.println(LMIC.dataLen);
              Serial.println(F(" bytes of payload"));
            }
            // Schedule next transmission
            os_setTimedCallback(&sendjob,
os_getTime()+sec2osticks(TX_INTERVAL), do_send);
            digitalWrite(LED_PIN, LOW);
            break;
...

        default:
            Serial.println(F("Unknown event"));
            break;
    }
}
```

Die Funktion `do_send()` bereitet das nächste Versenden eine Message vor. Die zu versendenden Daten sind im Byte-Array `mydata[]` abgelegt. Die LED wird eingeschaltet.

```
void do_send(osjob_t* j){
    // Check if there is not a current TX/RX job running
    if (LMIC.opmode & OP_TXRXPEND) {
        Serial.println(F("OP_TXRXPEND, not sending"));
    } else {
        // Prepare upstream data transmission at the next possible time.
        LMIC_setTxData2(1, mydata, sizeof(mydata)-1, 0);
        Serial.println(F("Packet queued"));
        digitalWrite(LED_PIN, HIGH);
    }
    // Next TX is scheduled after TX_COMPLETE event.
}
```

In der Funktion `setup()` werden nun die LED und die mit 115200 Baud arbeitende serielle Schnittstelle vorbereitet. Die Verzögerung von zwei Sekunden dient dem rechtzeitigen Einschalten des Monitors der Arduino IDE (Ctrl-Shift-M).

Die Funktionen `os_init()` und `LMIC_reset()` bereiten den SX1272 vor, bevor mit `LMIC_setSession()` die Deviceadresse und die TTN Keys übergeben werden.

Als nächstes werden mit Hilfe mehrfacher Aufrufe der Funktion `LMIC_setupChannel()` die von TTN verwendeten Kanäle eingerichtet. Diese entsprechen den Standardeinstellungen der meisten Gateways und sollten, genauso wie die weiteren Instruktionen, unverändert übernommen werden.

```
void setup() {
    pinMode(LED_PIN, OUTPUT);
    digitalWrite(LED_PIN, LOW);

    Serial.begin(115200);

    delay(2000);

    Serial.println(F("Starting"));
```

```
    // LMIC init
    os_init();
    // Reset the MAC state. Session and pending data transfers will be
discarded.
    LMIC_reset();

    // Set static session parameters. Instead of dynamically establishing
a session
    // by joining the network, precomputed session parameters are be
provided.
    #ifdef PROGMEM
...
    #else
    // If not running an AVR with PROGMEM, just use the arrays directly
    LMIC_setSession (0x1, DEVADDR, NWKSKEY, APPSKEY);
    #endif

    #if defined(CFG_eu868)
    // Set up the channels used by the Things Network, which corresponds
    // to the defaults of most gateways. Without this, only three base
    // channels from the LoRaWAN specification are used, which certainly
    // works, so it is good for debugging, but can overload those
    // frequencies, so be sure to configure the full frequency range of
    // your network here (unless your network autoconfigures them).
    // Setting up channels should happen after LMIC_setSession, as that
    // configures the minimal channel set.
    // NA-US channels 0-71 are configured automatically
    LMIC_setupChannel(0, 868100000, DR_RANGE_MAP(DR_SF12, DR_SF7),
BAND_CENTI);      // g-band
    LMIC_setupChannel(1, 868300000, DR_RANGE_MAP(DR_SF12, DR_SF7B),
BAND_CENTI);      // g-band
    LMIC_setupChannel(2, 868500000, DR_RANGE_MAP(DR_SF12, DR_SF7),
BAND_CENTI);      // g-band
    LMIC_setupChannel(3, 867100000, DR_RANGE_MAP(DR_SF12, DR_SF7),
BAND_CENTI);      // g-band
    LMIC_setupChannel(4, 867300000, DR_RANGE_MAP(DR_SF12, DR_SF7),
BAND_CENTI);      // g-band
    LMIC_setupChannel(5, 867500000, DR_RANGE_MAP(DR_SF12, DR_SF7),
BAND_CENTI);      // g-band
    LMIC_setupChannel(6, 867700000, DR_RANGE_MAP(DR_SF12, DR_SF7),
BAND_CENTI);      // g-band
    LMIC_setupChannel(7, 867900000, DR_RANGE_MAP(DR_SF12, DR_SF7),
BAND_CENTI);      // g-band
    LMIC_setupChannel(8, 868800000, DR_RANGE_MAP(DR_FSK,  DR_FSK),
BAND_MILLI);      // g2-band
    // TTN defines an additional channel at 869.525Mhz using SF9 for
class B
    // devices' ping slots. LMIC does not have an easy way to define set
this
```

```
    // frequency and support for class B is spotty and untested, so this
    // frequency is not configured here.
    #elif defined(CFG_us915)
...

    #endif

    // Disable link check validation -- not supported by TTN
    //LMIC_setLinkCheckMode(0);

    // TTN uses SF9 for its RX2 window.
    LMIC.dn2Dr = DR_SF9;

    // Set data rate and transmit power for uplink - when
ADR mode is off - stationary mode
    LMIC_setDrTxpow(DR_SF12,17);

    // Start job
    do_send(&sendjob);
}
```

Die Hauptschleife `loop()` ruft mit `os_runloop_once()` die Abarbeitung der geplanten Jobs auf.

```
void loop()
{
    os_runloop_once();
}
```

Abschließend sind in Abbildung 26 noch die vom radino32 SX1272 versendeten Messages in der TTN-Anwendung zu sehen. Die Payload ist hier unverändert der String „radino32 SX1272", für den Test sicher erst mal ausreichend aber etwas langweilig. Bei der nächsten Anwendung werde ich das wieder ändern.

Abbildung 31 radino32 SX1272 Messages

8.4. Heltec WiFi LoRa 32

Die chinesische Fa. HelTec Automation (heltec.cn) bietet IoT Module auf Basis der Mikrocontroller ESP8266 und ESP32 von Espressif an.

Espressif's Mikrocontroller ESP32 unterstützt Wifi und Bluetooth. Für die LoRa-Kommunikation wird ein externer LoRa-Transceiver benötigt, um LoRa oder LoRaWAN implementieren zu können.

Das Heltec Wifi LoRa 32 Modul bietet die Kombination mit einem SX1276 und ist zusätzlich mit einem 0.96-inch OLED und einer Ladeschaltung für einen LiPo-Akku ausgestattet. Eine externe Antenne kann und sollte angeschlossen werden. Abbildung 32 zeigt das kompakte Heltec WiFi LoRa 32 Modul mit den üblichen Anschlüssen.

Abbildung 32   Heltec WiFi LoRa 32

Ich möchte hier kurz auf die für eigene Anwendungen zur Verfügung stehenden Anschlüsse der beiden Stiftleisten eingehen, da deren Verfügbarkeit durch das an den ESP32 angeschlossene OLED und den LoRa-Transceiver eingeschränkt ist. Abbildung 33 zeigt die Anschlussbelegung des Heltec WiFi LoRa 32 Moduls in einer Ansicht von unten. Wichtig an diesem Bild sind hier vor allem die durch rote Pfeile markierten Anschlüsse, die für den Anschluss von OLED-Display und LoRa-Transceiver genutzt werden.

⚠️ Für Anwendungen, die OLED-Display und LoRa-Kommunikation verwenden, stehen diese Anschlüsse nicht zur Verfügung.

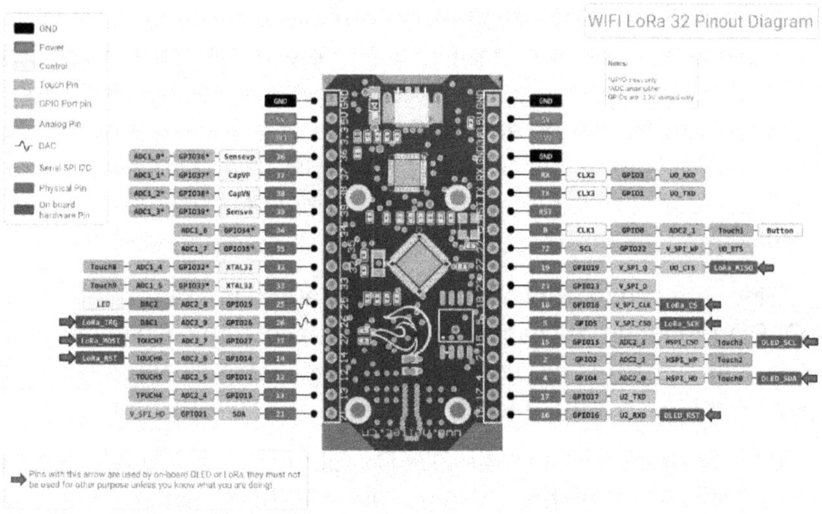

Abbildung 33 Anschlussbelegung Heltec WiFi LoRa 32 Modul

Wichtige Informationen zum Heltec Wifi LoRa32 Modul sind über die folgenden URLs zu finden:

- Pinout Diagram (http://bit.ly/2wzyVuC)
- Installation Guide (http://bit.ly/2MINndW)
- Big ESP32/SX127x Topic Part 1 (http://bit.ly/2wAgdmv)
- Big ESP32/SX127x Topic Part 2 (http://bit.ly/2MJt549)

Die Integration des ESP32 in die Arduino IDE erfolgt gemäss dem Installation Guide über Github. Das etwas kompliziertere Vorgehen hat den Vorteil, dass so die neueste Version des Treiberpakets und des Entwicklungstools zur Verfügung gestellt wird.

Neben der vorgestellten Hardware und der ESP32-Software wird noch Software zur Implementierung des LoRaWAN-Protokolls benötigt. Der LoRa-Transceiver SX127x bietet die LoRa-Funkmodulation, implementiert jedoch nicht das LoRaWAN-Protokoll. Das Protokoll muss in Software implementiert werden, die auf dem ESP32 ausgeführt wird.

61

Die LMiC-Arduino-Bibliothek implementiert einen LoRaWAN-Protokollstack, der mit dem ESP32 verwendet werden kann. Die auf Github über https://github.com/matthijskooijman/arduino-lmic erreichbare Bibliothek enthält Beispiele zum Implementieren eines LoRaWAN-Knoten für TTN für die ABP- und OTAA-Aktivierung. Bei der Verwendung eines Single-Channel-Gateways ist die ABP-Aktivierung zu verwenden, was hier auch so getan wird.

Eine passende Bibliothek für das auf dem Board befindliche OLED Monochrom-Displays ist: U8g2. Die U8g2-Bibliothek finden Sie hier: https://github.com/olikraus/u8g2 (U8g2 enthält U8x8, das weniger Ressourcen bedarf).

Ich verwende hier die OLED Library von Daniel Eichhorn und Fabrice Weinberg, die auf Github unter der URL https://github.com/ThingPulse/esp8266-oled-ssd1306 zu finden ist.

Außerdem habe ich den verbreiteten Temperatur- und Feuchtigkeitssensor DHT11 mit dem Heltec WiFi Lora 32 Modul verbunden, um die entsprechenden Messwerte zu erfassen und zu versenden (Abbildung 34).

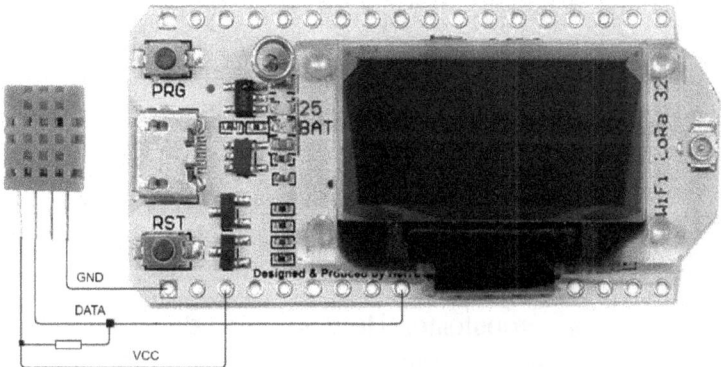

Abbildung 34   Heltec WiFi LoRa 32 & DHT11

Beim Programmbeispiel *Heltec_LoRa32_ttn-abp.ino* wird wiederum die ABP-Aktivierung herangezogen (Abbildung 35).

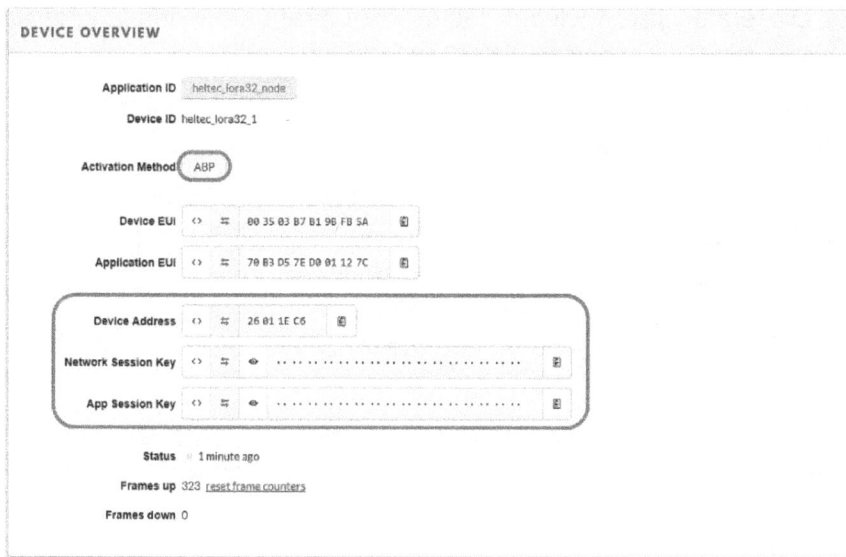

Abbildung 35   TTN Keys

Die komplette Anwendung wird aus den zwei Dateien *Heltec_LoRa32_ttn-abp.ino* und *getValue.ino* gebildet, wobei der Aufruf über den ersten Dateinamen erfolgt. Abbildung 36 zeigt die betreffenden Dateien auf meinem PC.

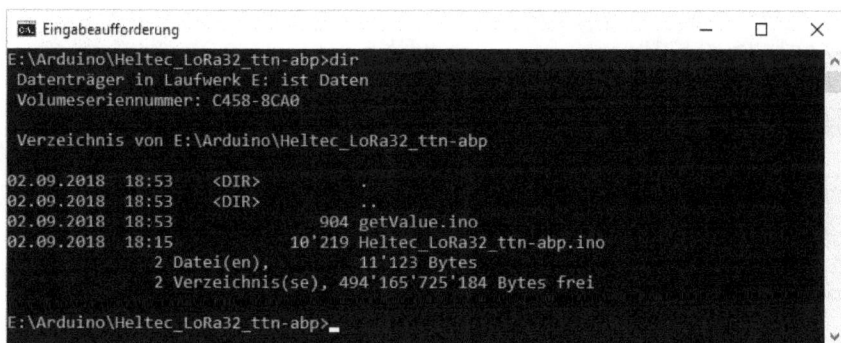

Abbildung 36   Anwendung *Heltec_LoRa32_ttn-abp.ino*

Die ersten drei Includes laden die Libraries für den Zugriff auf den LoRa-Transceiver SX1272 und auf die LMiC-Library.

Die DHT-Library ermöglicht den Zugriff auf den DHT11-Sensor, der an GPIO22 angeschlossen wird.

Die OLED-Library stellt ein Interface (API) zum einfachen Zugriff auf das OLED-Display zur Verfügung. Das OLED-Display ist fest verdrahtet, also werden die Zuordnungen zu den Pins einfach übernommen. Das gilt auch für die weiße on-board LED, die an GPIO25 angeschlossen ist und zur Anzeige bestimmter Zustände verwendet wird.

In die Byte-Arrays NWKSKEY[16] und APPSKEY[16] werden die TTN Keys und in die Konstante DEVADDR die generierte Deviceadresse aus der Registrierung des LoRaWAN-Knotens übernommen.

```
#include <lmic.h>
#include <hal/hal.h>
#include <SPI.h>

//DHT Library
#include <DHT.h>
#define DHTPIN 22
#define DHTTYPE DHT11
DHT dht(DHTPIN, DHTTYPE);

// OLED Library https://github.com/ThingPulse/esp8266-oled-ssd1306
#include <SSD1306.h>

//OLED pins to ESP32 GPIOs on Heltec LoRa32:
//OLED_SDA -- GPIO4
//OLED_SCL -- GPIO15
//OLED_RST -- GPIO16

SSD1306  display(0x3c, 4, 15);

const int pLED = 25;
const int pResetOLED = 16;

#define DEBUG 1

// LoRaWAN NwkSKey, network session key
```

```
static const PROGMEM u1_t NWKSKEY[16] = { 0x9B, 0x41, 0x3E,
0xE8, 0x4F, 0x98, 0x46, 0xAA, 0xAD, 0x38, 0xE9, 0x08, 0x3A,
0x5E, 0xFE, 0x7B }; // Use your data from TTN

// LoRaWAN AppSKey, application session key
static const u1_t PROGMEM APPSKEY[16] = { 0xB5, 0x57, 0x01,
0xE2, 0xE4, 0xDF, 0xFA, 0xDD, 0x05, 0x12, 0x9E, 0x35, 0x9B,
0xBA, 0x18, 0x35 }; // Use your data from TTN

// LoRaWAN end-device address (DevAddr)
static const u4_t DEVADDR = 0x26011EC6 ; // Use your data
from TTN
```

Im Byte-Array `mydata[]` ist die zu versendende Message verpackt. Hierhin werden später die beiden vom DHT11 erhobenen Messwerte verschoben.

Mit `TX_INTERVAL = 60` geben ich einen Intervall zum Versenden der Message von 60 Sekunden vor.

Die Pins für das SPI-Interface zum SX1276 sind in der Konstanten `lmic_pins` definiert.

```
static uint8_t mydata[] = "xxx";
static osjob_t sendjob;

// Schedule TX every this many seconds (might become longer due to duty
// cycle limitations).
const unsigned TX_INTERVAL = 60;

//LMIC LoRa module pin configuration
//For Heltec Wifi LoRa 32 use:
const lmic_pinmap lmic_pins = {
    .nss = 18,
    .rxtx = LMIC_UNUSED_PIN,
    .rst = 14,
    .dio = {/*dio0*/ 26, /*dio1*/ 33, /*dio2*/ 32}
};
```

In der Funktion `onEvent()` werden alle Events behandelt. Ist das Versenden der Message erfolgt (`EV_TXCOMPLETE`), dann erfolgt die Ausgabe „Message sent." Auf dem OLED-Display, werden ggf. empfangene Zeichen ausgegeben und die nächste Übertragung zeitlich geplant.

```
void onEvent (ev_t ev) {
    Serial.print(os_getTime());
    Serial.print(": ");
    switch(ev) {
...

        case EV_TXCOMPLETE:
            Serial.println(F("EV_TXCOMPLETE (includes
waiting for RX windows)"));
            display.drawString(0, 48, "Message sent.");
            display.display();
            if (LMIC.txrxFlags & TXRX_ACK)
              Serial.println(F("Received ack"));
            if (LMIC.dataLen) {
              Serial.println(F("Received "));
              Serial.println(LMIC.dataLen);
              Serial.println(F(" bytes of payload"));
            }
            // Schedule next transmission
            os_setTimedCallback(&sendjob,
os_getTime()+sec2osticks(TX_INTERVAL), do_send);
            break;
...

        default:
            Serial.println(F("Unknown event"));
            break;
    }
}
```

Die Funktion `do_send()` bereitet das nächste Versenden einer Message vor. Die LED wird eingeschaltet. Die zu versendenden Daten sind im Byte-Array `mydata[]` abgelegt und werden dem LoRaWAN-Stack übergeben. Quittiert wird dieser Vorgang durch die Ausgabe „Message queued" über das OLED-Display. Anschließend wird die LED wieder ausgeschaltet.

```
void do_send(osjob_t* j)
{
    // Check if there is not a current TX/RX job running
    if (LMIC.opmode & OP_TXRXPEND) {
        Serial.println(F("OP_TXRXPEND, not sending"));
```

```
    } else {
        digitalWrite(pLED, HIGH);      // turn on on-board LED

        // Prepare upstream data transmission at the next
possible time.
        getValue();
        LMIC_setTxData2(1, mydata, sizeof(mydata)-1, 0);
        Serial.println(F("Packet queued"));
        display.drawString(0, 32, "Message queued" );
        display.display();
        digitalWrite(pLED, LOW);       // turn off on-board
LED
    }
    // Next TX is scheduled after TX_COMPLETE event.
}
```

In der Funktion `setup()` werden nun der DHT11 initialisiert, die digitalen Ausgänge konfiguriert, das OLED-Display initialisiert und die mit 115200 Baud arbeitende serielle Schnittstelle vorbereitet.

Auf dem OLED-Display wird der Programmstart durch Ausgabe des Strings „Starting LoRaWAN Node..." dokumentiert. Die sich anschliessende Verzögerung von drei Sekunden dient dem rechtzeitigen Einschalten des Monitors der Arduino IDE (Ctrl-Shift-M).

Die Funktionen `os_init()` und `LMIC_reset()` bereiten den SX1276 vor, bevor mit `LMIC_setSession()` die Deviceadresse und die TTN Keys übergeben werden.

Als nächstes werden mit Hilfe mehrfacher Aufrufe der Funktion `LMIC_setupChannel()` die von TTN verwendeten Kanäle eingerichtet. Diese entsprechen den Standardeinstellungen der meisten Gateways und sollten, genauso wie die weiteren Instruktionen, unverändert übernommen werden.

```
void setup() {
    dht.begin();

    pinMode(pLED, OUTPUT);           // set pin to output
    digitalWrite(pLED, LOW);         // turn off on-board LED

    pinMode(pResetOLED, OUTPUT);
```

67

```
    digitalWrite(pResetOLED, LOW); // set GPIO16 low to reset
OLED
    delay(50);
    digitalWrite(pResetOLED, HIGH); // while OLED is running,
must set GPIO16 in high

    display.init(); // Initialising the UI will init the display too.
    display.flipScreenVertically();
    display.setFont(ArialMT_Plain_16);
    display.setTextAlignment(TEXT_ALIGN_LEFT);

    Serial.begin(115200);
    display.drawStringMaxWidth(0, 0, 128, "Starting LoRaWAN
Node..." );
    display.display();
    delay(3000);            // wait for connecting terminal
    Serial.println(F("Starting LoRaWAN Node..."));

    // LMIC init
    os_init();
    // Reset the MAC state. Session and pending data transfers will be
discarded.
    LMIC_reset();

    // Set static session parameters. Instead of dynamically
establishing a session
    // by joining the network, precomputed session
parameters are be provided.
    #ifdef PROGMEM
…
    #else
    // If not running an AVR with PROGMEM, just use the arrays directly
    LMIC_setSession (0x1, DEVADDR, NWKSKEY, APPSKEY);
    #endif

    #if defined(CFG_eu868)
    // Set up the channels used by the Things Network, which corresponds
    // to the defaults of most gateways. Without this, only three base
    // channels from the LoRaWAN specification are used, which certainly
    // works, so it is good for debugging, but can overload those
    // frequencies, so be sure to configure the full frequency range of
    // your network here (unless your network autoconfigures them).
    // Setting up channels should happen after LMIC_setSession, as that
    // configures the minimal channel set.
    // NA-US channels 0-71 are configured automatically
    LMIC_setupChannel(0, 868100000, DR_RANGE_MAP(DR_SF12, DR_SF7),
BAND_CENTI);       // g-band
    LMIC_setupChannel(1, 868300000, DR_RANGE_MAP(DR_SF12, DR_SF7B),
BAND_CENTI);       // g-band
    LMIC_setupChannel(2, 868500000, DR_RANGE_MAP(DR_SF12, DR_SF7),
```

```
BAND_CENTI);        // g-band
    LMIC_setupChannel(3, 867100000, DR_RANGE_MAP(DR_SF12, DR_SF7),
BAND_CENTI);        // g-band
    LMIC_setupChannel(4, 867300000, DR_RANGE_MAP(DR_SF12, DR_SF7),
BAND_CENTI);        // g-band
    LMIC_setupChannel(5, 867500000, DR_RANGE_MAP(DR_SF12, DR_SF7),
BAND_CENTI);        // g-band
    LMIC_setupChannel(6, 867700000, DR_RANGE_MAP(DR_SF12, DR_SF7),
BAND_CENTI);        // g-band
    LMIC_setupChannel(7, 867900000, DR_RANGE_MAP(DR_SF12, DR_SF7),
BAND_CENTI);        // g-band
    LMIC_setupChannel(8, 868800000, DR_RANGE_MAP(DR_FSK,  DR_FSK),
BAND_MILLI);        // g2-band
    // TTN defines an additional channel at 869.525Mhz using SF9 for
class B
    // devices' ping slots. LMIC does not have an easy way to define set
this
    // frequency and support for class B is spotty and untested, so this
    // frequency is not configured here.
    #elif defined(CFG_us915)
...
    #endif

    // Disable link check validation
    LMIC_setLinkCheckMode(0);

    // TTN uses SF9 for its RX2 window.
    LMIC.dn2Dr = DR_SF9;

    // Set data rate and transmit power for uplink (note: txpow seems to
be ignored by the library)
    LMIC_setDrTxpow(DR_SF7,14);

    // Start job
    do_send(&sendjob);
}
```

Die Hauptschleife `loop()` ruft mit `os_runloop_once()` die Abarbeitung der geplanten Jobs auf.

```
void loop()
{
    os_runloop_once();
}
```

Die Abfrage des Sensors erfolgt über die Funktion `getValue()`, die in das Sketch *getValue.ino* ausgelagert ist.

Die als Gleitkommazahl (`float`) vorliegenden Messwerte werden in Integerwerte konvertiert. Die Temperatur steht mit 10 multipliziert als 16-bit vorzeichenbehafteter Integerwert zur Verfügung. Für die Feuchte genügt ein vorzeichenloser 8-bit Integerwert. Dieser beiden Werte werden später in das Byte-Array `mydata[]` kopiert, wodurch die zu übertragende Message mit zwei Messwerten nur drei Byte insgesamt umfasst. In den vorangegangenen Programmbeispielen war ich da viel großzügiger.

Außerdem werden mit Hilfe der Funktion `dtostr()` die Messwerte in Strings konvertiert, die dann auf dem OLED-Display ausgegeben werden.

Ist DEBUG verschieden von Null, dann erfolgt auch eine Ausgabe der Messwerte über die serielle Schnittstelle.

```
// This function read a DHT11 sensor

void getValue()
{
  float temperature = dht.readTemperature();
  float humidity = dht.readHumidity();

  int16_t temp = (int) temperature *10;
  uint8_t humi = (int) humidity;

  char buffer[5];
  String s = dtostrf(temperature, 3, 1, buffer);
  display.clear();
  display.drawString(0, 0, "Temp = ");
  display.drawString(72, 0, s);
  display.drawString(104, 0, " °C");

  s = dtostrf(humidity, 3, 0, buffer);
  display.drawString(0, 16, "Hum  = ");
  display.drawString(72, 16, s);
  display.drawString(104, 16, " %");

  display.display();
```

```
mydata[0] = highByte(temp);
mydata[1] = lowByte(temp);
mydata[2] = humi;

if (DEBUG)
{
  Serial.print("Measured temperature = ");
  Serial.print(temperature, 1);
  Serial.println(" *C");
  Serial.print("Measured humidity = ");
  Serial.print(humidity, 0);
  Serial.println(" % rH");
}
}
```

Die Ausgaben über das OLED-Display zeigt Abbildung 37. Die ersten drei Zeilen erscheinen praktisch zeitgleich auf dem OLED-Display, während die Ausgabe der vierten Zeile durch den Event EV_TXCOMPLETE ausgelöst wird.

Abbildung 37   Ausgaben am OLED-Display

Abschließend sind in Abbildung 38 noch die vom Heltec Wifi LoRa 32 Modul versendeten Messages in der TTN-Anwendung zu sehen. Eingeblendet ist ein Terminalfenster mit den Ausgaben über die serielle Schnittstelle des Heltec Wifi LoRa32 Moduls.

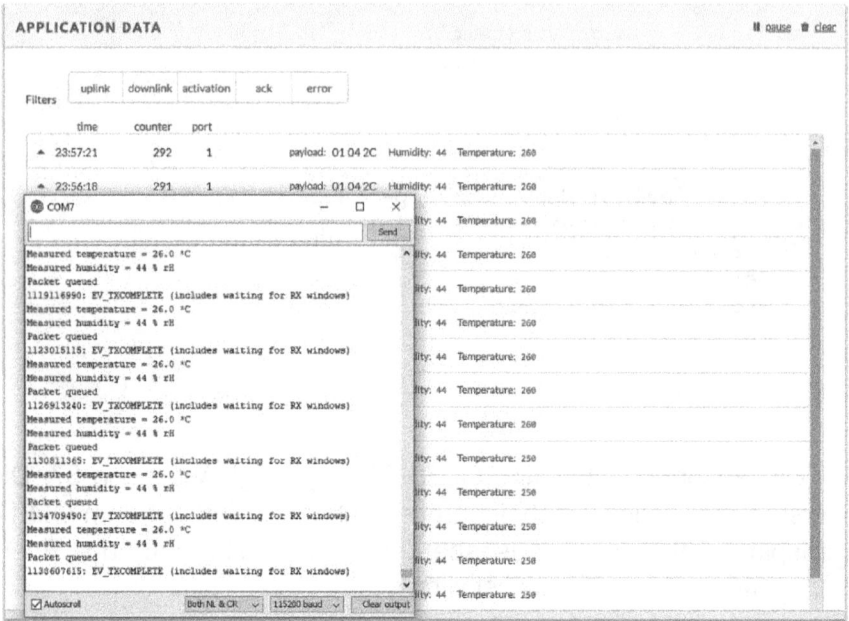

Abbildung 38   Heltec WiFi LoRa 32 Messages

Damit die übermittelte Message (Payload) in der dargestellten Form erscheint, habe ich die in Abbildung 39 gezeigte Decoder-Funktion eingesetzt.

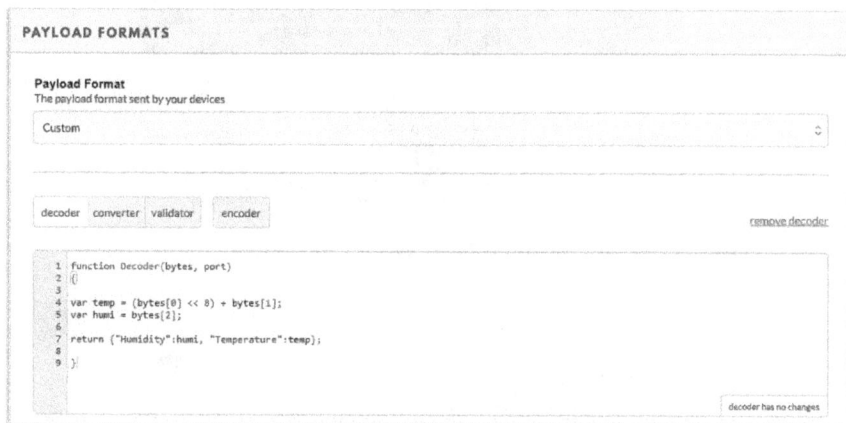

Abbildung 39 Payload Format

8.5. Arduino MKR WAN 1300

Mit der Arduino MKR Series wurde ein neuer Standard hinsichtlich Formfaktor, Leistungsfähigkeit und Funktion im Arduino-Universum geschaffen. Die Arduino MKR Boards zeichnen sich durch eine kompakte Bauform, einen leistungsfähigen 32-Bit Cortex-M0+ Mikrocontroller SAMD21 von Atmel sowie einen Anschluss und die Ladeschaltung für einen LiPo-Akku aus.

Darüber hinaus stehen mit der Arduino MKR Series auch zum ersten Mal verschiedene Typen für unterschiedliche Funkstandards zur Verfügung.

Für die LoRaWAN-Konnektivität ist aus dieser Serie der Arduino MKR WAN 1300 von Interesse, der eine Kombination aus einer SAMD21 Cortex-M0+ 32-Bit Low Power ARM MCU und einem Murata LPWAN Module CMWX1ZZABZ besteht (Abbildung 40, https://store.arduino.cc/mkr-wan-1300).

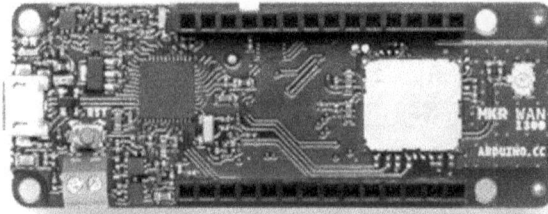

Abbildung 40   Arduino MKR WAN 1300 (Ansicht von oben)

Abbildung 41 Arduino MKR WAN 1300 (Ansicht von unten)

Zur Erstellung von Programmen für den Arduino MKR WAN 1300 ist über den Boards Manager der Arduino IDE das entsprechende Paket zu installieren. Abbildung 42 zeigt das Support Package für die Arduino MKR Series (hier in der Version 1.6.19).

Boards Manager ×

Type All ∨ samd|

Arduino SAMD Boards (32-bits ARM Cortex-M0+) by Arduino version **1.6.19** INSTALLED
Boards included in this package:
Arduino MKR WiFi 1010, Arduino/Genuino Zero, Arduino/Genuino MKR1000, Arduino MKRZERO, Arduino MKR FOX 1200, Arduino
MKR WAN 1300, Arduino MKR GSM 1400, Arduino M0 Pro, Arduino M0, Arduino Tian, Adafruit Circuit Playground Express.
Online help
More info

Arduino SAMD Beta Boards (32-bits ARM Cortex-M0+) by Arduino
Boards included in this package:
Arduino MKR Vidor 4000.
Online help
More info

Industruino SAMD Boards (32-bits ARM Cortex-M0+) by Industruino
Boards included in this package:
Industruino D21G.
Online help
More info

Close

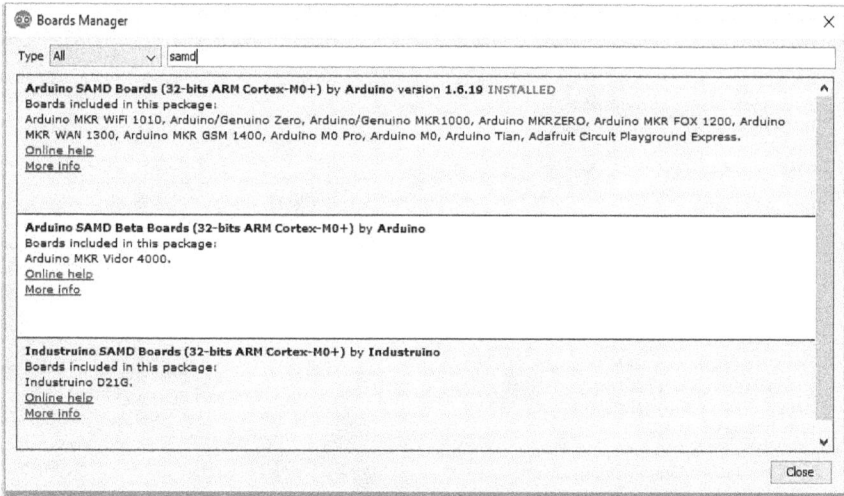

Abbildung 42   Installation des Arduino MKR WAN 1300 Supports

Außerdem ist die MKRWAN Library mit Hilfe des Library Managers zu installieren. Durch Eingabe von MKRWAN wird die Library gefunden und kann installiert werden (Abbildung 43).

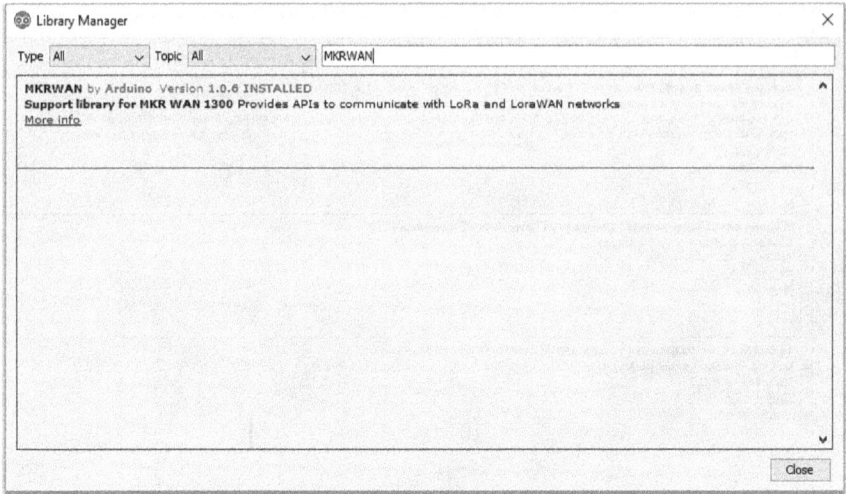

Abbildung 43 Installation der MKRWAN Library

Die Inbetriebnahme als LoRaWAN-Knoten kann gemäss dem Beitrag „Getting Started with Arduino MKR WAN 1300" erfolgen (https://github.com/gonzalocasas/arduino-mkr-wan-1300). Die OTAA-Aktivierung erfolgte problemlos. Will man aber die ABP-Aktivierung verwenden, wie sie z.B. bei der Verwendung eines Single-Channel-Gateways angezeigt ist, dann muss zuerst ein Firmware-Update erfolgen.

Hierzu ist in den Examples unter `Files -> Examples -> MKRWAN` das File *MKRWANFWUpdate_standalone.ino* vorhanden, welches das Update direkt nach dem Upload auf den Arduino MKR WAN 1300 durchführt (http://bit.ly/2N8kic4).

Mit der Firmware Version ARD-078 1.1.6 war nun auch die ABP-Authentifizierung möglich, wie sie im *Programmbeispiel MKRWAN_hello_abp.ino* verwendet wird. Abbildung 44 zeigt die Daten in der Device Overview.

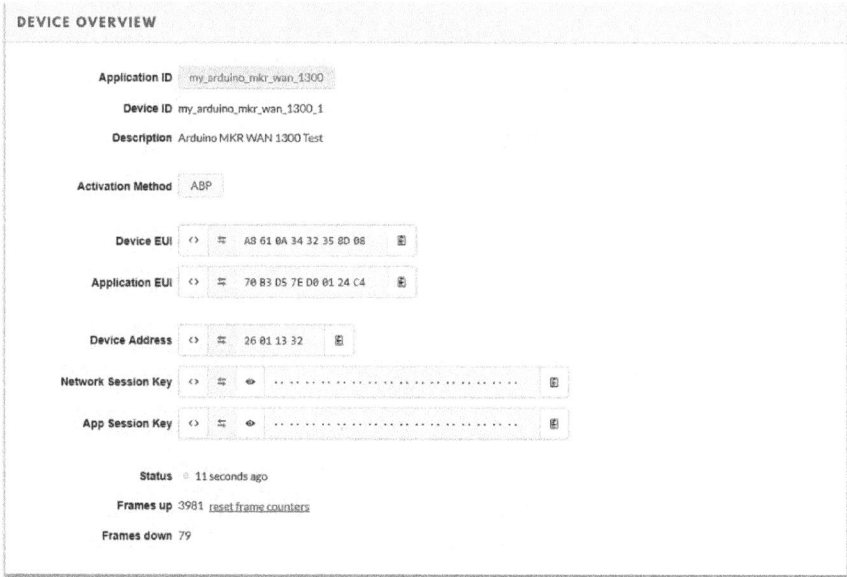

Abbildung 44   TTN Keys

Die komplette Anwendung wird aus den zwei Dateien *MKRWAN_hello_abp.ino* und *arduino_secrets.h* gebildet, wobei der Aufruf über den ersten Dateinamen erfolgt. Abbildung 45 zeigt die betreffenden Dateien auf meinem PC.

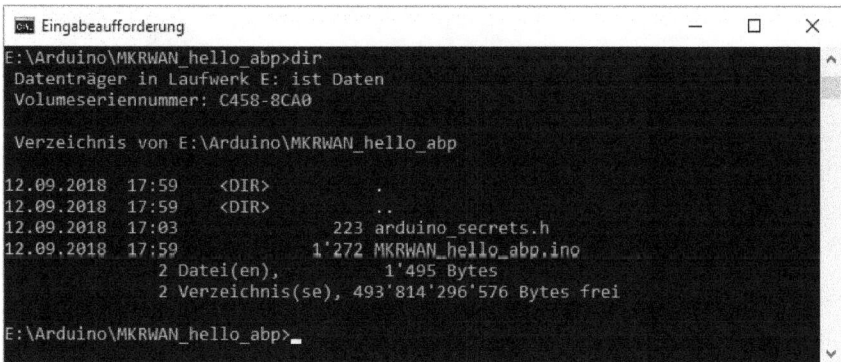

Abbildung 45   Anwendung *MKRWAN_hello_abp.ino*

In die Datei *arduino_secrets.h* sind die TTN Keys ausgelagert, so dass bei der Weitergabe des Quelltextes dieser Teil mit sensiblen Daten einfach zurückbehalten werden kann.

```
// Copy these keys from The Things Network console and paste
them here:
const char *devAddr = "26011332";
const char *nwkSKey = "B640F01852xxxxxxxxxxxx3F5B8BB24A";
const char *appSKey = "AA4137E2D4xxxxxxxE8334AD0F2A101D";
```

Die Datei *MKRWAN_hello_abp.ino* bildet die eigentliche Anwendung. Nach dem Einbinden der MKRWAN Library und der Datei *arduino_secrets.h* werden der Zyklus zum Versenden der LoRaWAN-Messages (PERIOD) und das LoRa-Frequenzband (EU868) festgelegt, bevor die Instanz modem(Serial1) erzeugt wird.

```
// Sending a string to the LoRaWAN server
// based on
// https://github.com/gonzalocasas/arduino-mkr-wan-1300
// Modifications: Claus Kühnel info@ckuehnel.ch 2018-09-12

#include <MKRWAN.h>
#include "arduino_secrets.h"

#define PERIOD 60000

// Select your region (AS923, AU915, EU868, KR920, IN865,
US915, US915_HYBRID)
_lora_band region = EU868;

LoRaModem modem(Serial1);
```

Nach diesen Vorkehrungen beginnt die Funktion setup() mit der Initialisierung des seriellen Interfaces und des Modems und gibt anschließend die Version der Firmware und die DeviceEUI aus. Letztere ist vom Hersteller vorgegeben, modulspezifisch und einzigartig. Über die Funktion `modem.joinABP()` erfolgt die Verbindung zum Netzwerk

```
void setup()
{
  Serial.begin(115200);
  while (!Serial);
  if (!modem.begin(region))
  {
    Serial.println("Failed to start module");
    while (1) {}
  }
  Serial.print("Your module version is: ");
  Serial.println(modem.version());
  Serial.print("Your device EUI is: ");
  Serial.println(modem.deviceEUI());

  int connected = modem.joinABP(devAddr, nwkSKey, appSKey);
  if (!connected)
  {
    Serial.println("Something went wrong; are you indoor?
Move near a window and retry");
    while (1) {}
  }
  Serial.println("Successfully joined the network!");

  Serial.println("Enabling ADR and setting low spreading
factor");
  modem.setADR(true);
  modem.dataRate(5);
}
```

In der Hauptschleife `loop()` kann nun eingebettet in `modem.beginPacket()` und `modem.endPacket()` durch `modem.print()` die eigentliche Message versendet werden.

Ich habe hier den String „HeLoRaWAN" versendet und der Einfachheit auf das Erheben von Messwerten verzichtet. Aus den anderen Programmbeispielen kann das Zusammensetzen eines Strings aus einzelnen Messwerten abgeleitet werden.

```
void loop()
{
  modem.beginPacket();
  modem.print("HeLoRaWAN");

  int err = modem.endPacket(false);

  if (err > 0) Serial.println("Package sent.");
  else         Serial.println("Error");

  delay(PERIOD);
}
```

Abschließend sind in Abbildung 46 noch die vom Arduino MKR WAN 1300 versendeten Messages in der TTN-Anwendung zu sehen. Eingeblendet ist ein Terminalfenster mit den Ausgaben über die serielle Schnittstelle des Arduino MKR WAN 1300.

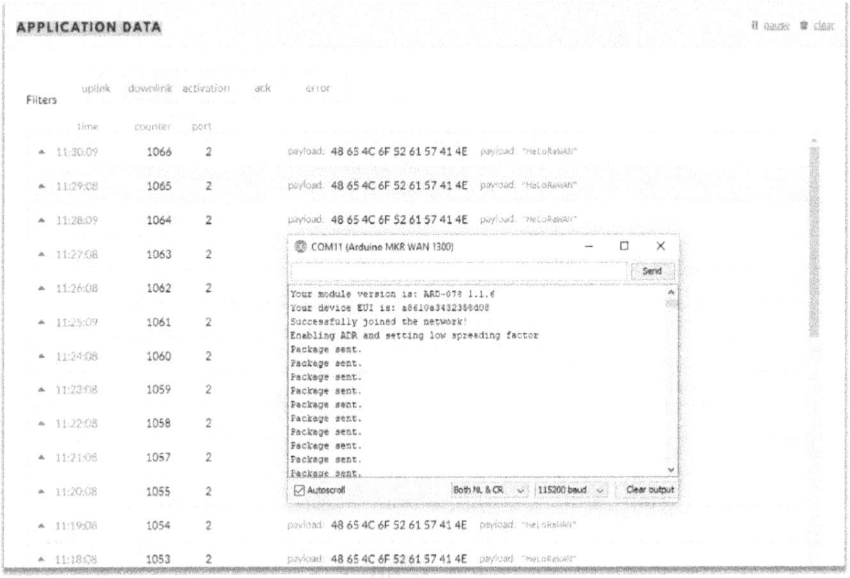

Abbildung 46   Arduino MKR WAN 1300 Messages

8.6. ERS Lite - LoRaWAN Raumsensor

Ich hatte den ERS Lite - LoRaWAN Raumsensor bereits als einen einfachen kommerziellen LoRaWAN-Knoten erwähnt und möchte diesen ebenfalls in eine TTN-Anwendung aufnehmen, um den Unterschied zu den bisher vorgestellten LoRaWAN-Knoten in der Vorgehensweise aufzuzeigen.

Üblicherweise wird bei kommerziellen LoRaWAN-Devices die Konfiguration nicht auf Quelltextebene erfolgen. Bei den LoRaWAN-Devices der schwedischen Fa. Elsys (elsys.se) erfolgt die Konfiguration über NFC und kann damit z.B. von einem Handy aus vorgenommen werden.

Im Play Store von Google ist die App *Sensor Settings* unter der URL http://bit.ly/2OhUXJo zu finden, die zur Konfiguration herangezogen werden kann (Abbildung 47).

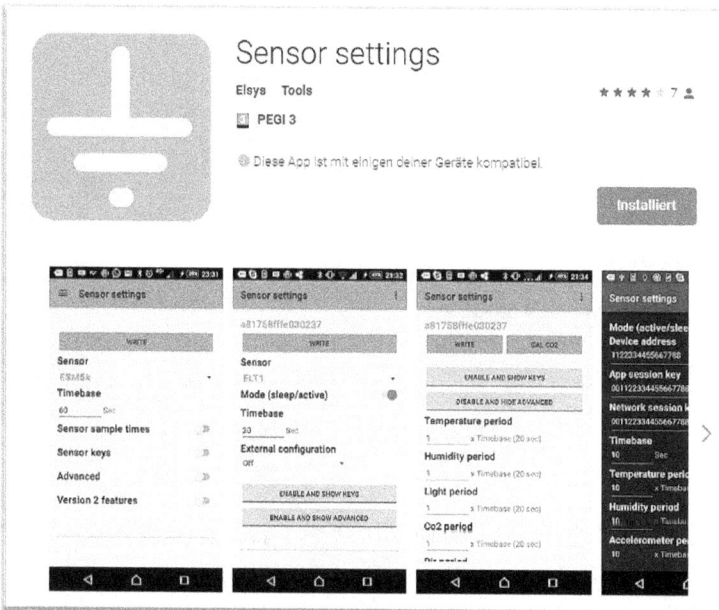

Abbildung 47 Elsys App "Sensor Settings"

81

Natürlich ist auch hier eine vorherige Einrichtung einer Application bei TTN erforderlich und ich verwende hier die OTAA-Aktivierung, wie sie bei der Verwendung von Multi-Channel-Gateways üblich ist.

Abbildung 48 zeigt die Eintragungen in der Device Overview. Als Activation Method ist hier OTAA gewählt. Die Device EUI ist spezifisch für das verwendete Gerät und wird vom Hersteller vergeben. Diese ist hier eingetragen worden. Application EUI und App Key werden von TTN erzeugt.

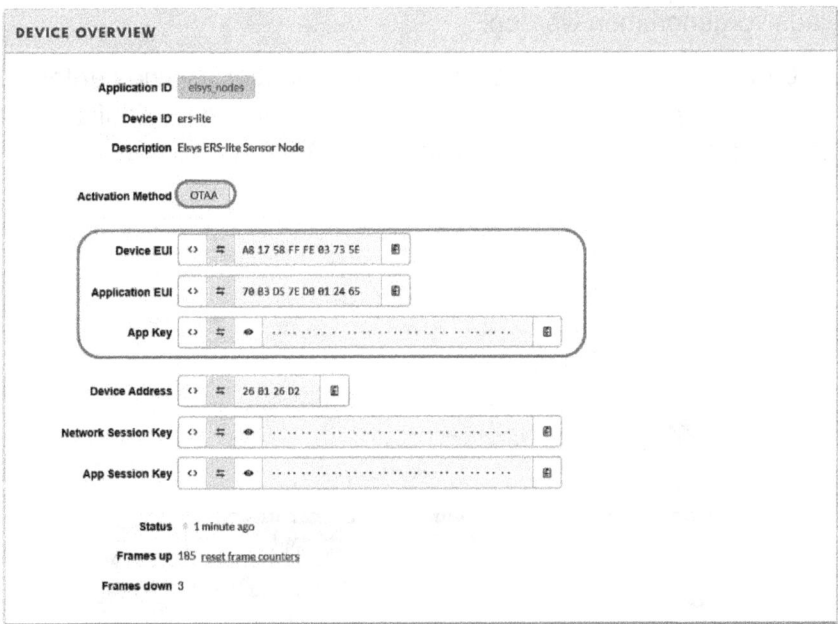

Abbildung 48   TTN Keys

Mit diesen Angaben kann die Konfiguration des ERS Lite - LoRaWAN Raumsensors nun vorgenommen werden. Die folgenden Screenshots der Konfiguration dokumentieren die erforderlichen Einstellungen.

Abbildung 49 zeigt die Auswahl des verwendeten Elsys Devices und die Einstellung der Zeitbasis (Timebase). Da es sich beim hier eingesetzten ERS Lite - LoRaWAN Raumsensor um ein batteriebetriebenes Gerät handelt, sollte mit der Zahl der zu versendenden Messages sparsam umgegangen werden. Für einen Temperatursensor erscheinen mir 15 min als ein ausreichender Wert, weshalb die Timebase auf 900 s eingestellt wurde.

Abbildung 50 zeigt nun die Eingabe der Sensor Keys. Die Device EUI bleibt frei und wird vom Sensor selbst vorgegeben. AppEUI und AppKey werden von TTN übernommen, wie sie in Abbildung 48 vorgegeben wurden.

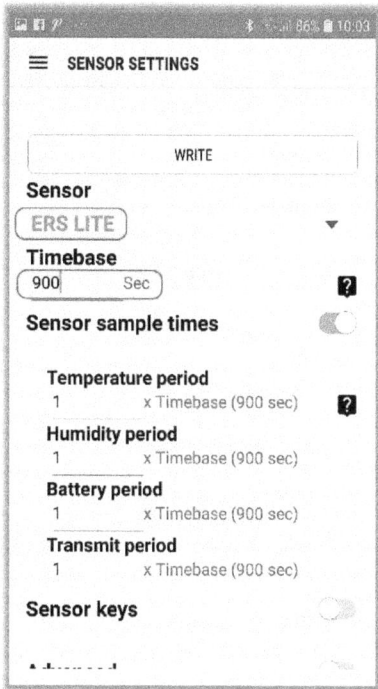

Abbildung 49   Timebase   **Abbildung 50   Sensor Keys**

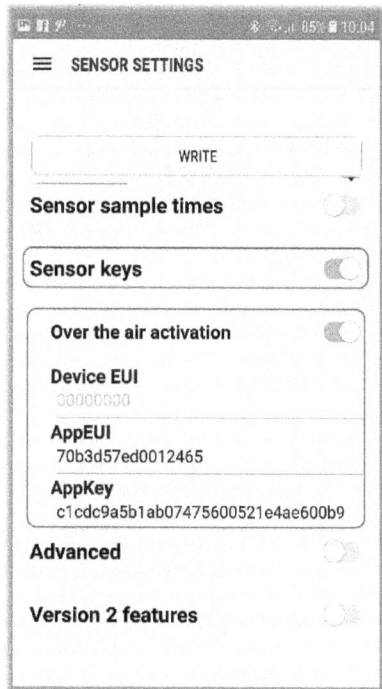

Datenrate und Frequenzplan werden in Abbildung 51 und Abbildung 52 eingegeben. Der Frequenzplan ist in Europa EU868. Wir hatten das auch bereits bei den anderen behandelten LoRaWAN-Knoten so gesetzt.

Nach diesen Vorgaben kann man nun den Button WRITE drücken und wird daraufhin aufgefordert, das zu konfigurierende Gerät, wie für NFC üblich, mit dem Handy zu berühren. Über NFC werden nun die Daten vom Handy auf den LoRaWAN-Knoten übertragen und er ist betriebsbereit.

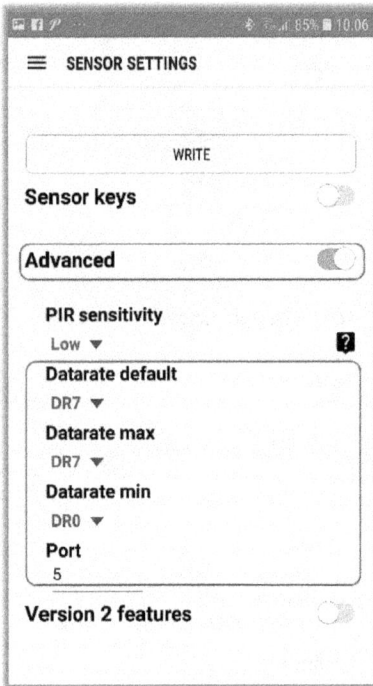

Abbildung 51   Datarate

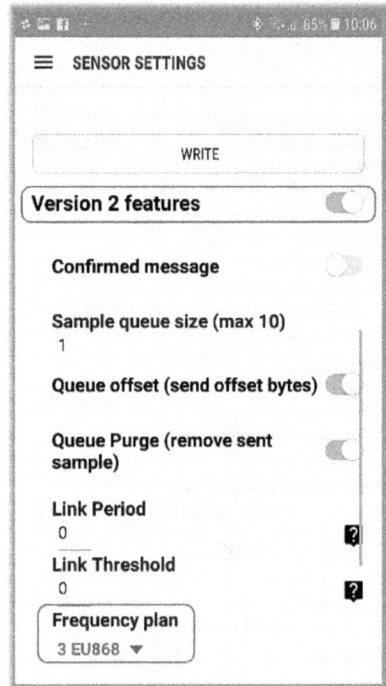

Abbildung 52   Frequency Plan

Will man sich von der erfolgreichen Konfiguration überzeugen, dann kann man den eben programmierten Knoten mit jedem NFC-Reader auch zu Kontrollzwecken auslesen.

Ich habe das hier mit Hilfe der App *NFC Tools PRO* vorgenommen. Abbildung 53 zeigt die Resultate.

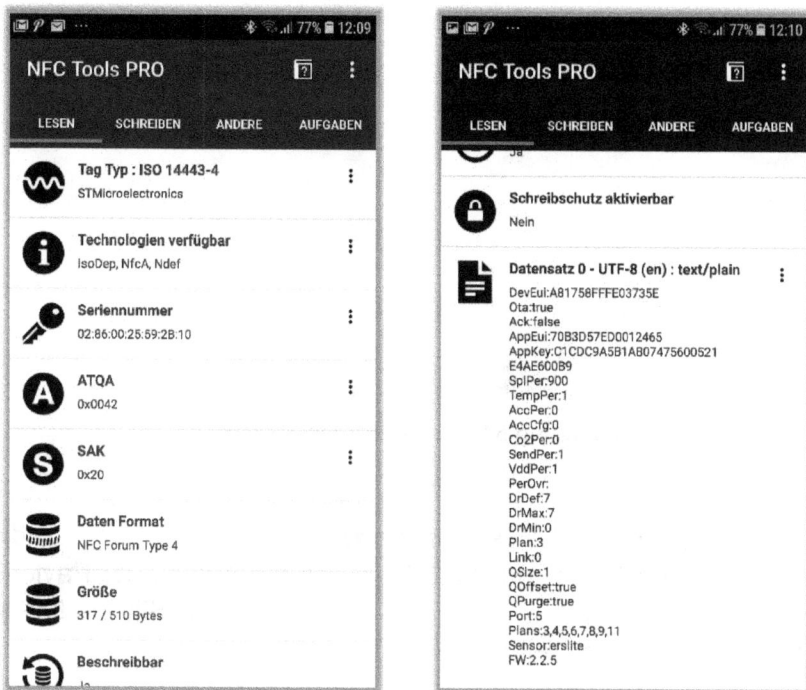

Abbildung 53   Auslesen des Sensors mit NFC Tools PRO

Die Einstellungen aller Elsys LoRaWAN-Sensoren sind auf dem integrierten NFC-Chip gespeichert, bei dem es sich um ein NFC Forum Type 4-Tag mit einem NDEF-Texteintrag handelt. In den Elsys NFC Settings Specifications (http://bit.ly/2QwqMzk) sind die Details zu finden.

Abschließend sind in Abbildung 54 noch die vom ERS Lite - LoRaWAN Raumsensor versendeten Messages in der TTN-Anwendung zu sehen. Deutlich zu sehen ist der zeitliche Abstand von 15 min zwischen den einzelnen Ausgaben.

In der Message verpackt sind drei Messwerte. Übertragen werden Temperatur, relative Feuchte und die Batteriespannung. Die Batteriespannung ist eine wichtige Indikation für die Funktionsfähigkeit und weitere Lebensdauer des betreffenden LoRaWAN-Knotens.

Abbildung 54   Elsys ERS-lite Messages

Um die LoRaWAN-Message decodieren zu können, ist die Kenntnis deren Aufbau wichtig. Elsys hat den Aufbau der Payload für alle Sensoren unter http://bit.ly/2QubTha veröffentlicht. Hier ist nur ein Ausschnitt gezeigt.

```
const TYPE_TEMP       = 0x01; //temp 2 bytes -3276.8°C -->3276.7°C
const TYPE_RH         = 0x02; //Humidity 1 byte  0-100%
...
const TYPE_VDD        = 0x07; //VDD 2byte 0-65535mV
...
const TYPE_EXT_TEMP2  = 0x19; //2bytes -3276.5C-->3276.5C
```

Jedes Datenelement wird eingeleitet durch eine Typangabe, gefolgt von der diesem Typ zugeordneten Anzahl von Datenbytes.

Type	Data	Data	Type	Data	Type	Data	Data
0x01	0x00	0xC9	0x02	0x46	0x07	0x0D	0xD1
TEMP	MSB	LSB	RH	Byte	VDD	MSB	LSB
	201			70		3537	

Schaut man sich den oberen Eintrag in Abbildung 54 an (12:38:41) dann ist das erste Element die Temperatur mit zwei Byte Daten, gefolgt von der Feuchtigkeit mit einem Byte Daten und der Batteriespannung wiederum mit zwei Byte Daten.

Im Elsys Payload Converter (Abbildung 55) erhält man daraus, die bereits oben eingetragenen Werte.

Elsys Payload

0100C90246070DD1

𝒞 Convert

```
{
    "temperature": 20.1,
    "humidity": 70,
    "vdd": 3537
}
```

Abbildung 55   Elsys Payload Decoder

Um nun auch in der TTN Console die entsprechenden Werte im Klartext zu sehen, bedarf es noch der in Abbildung 56 eingetragenen Anweisungen zur Konvertierung, die schliesslich die bereits in Abbildung 54 gezeigten Ausgaben in der TTN Console ermöglicht.

Payload Format
The payload format sent by your devices

Custom

decoder   converter   validator   encoder   remove decoder

```
1   function Decoder(bytes, port)
2   {
3       var temp = ((bytes[1] << 8) + bytes[2])/10;
4       var humi = bytes[4];
5       var vdd  = (bytes[6] << 8) + bytes[7];
6
7       return {"Temperature":temp, "Humidity":humi, "VDD":vdd};
8   }
```

decoder has no changes

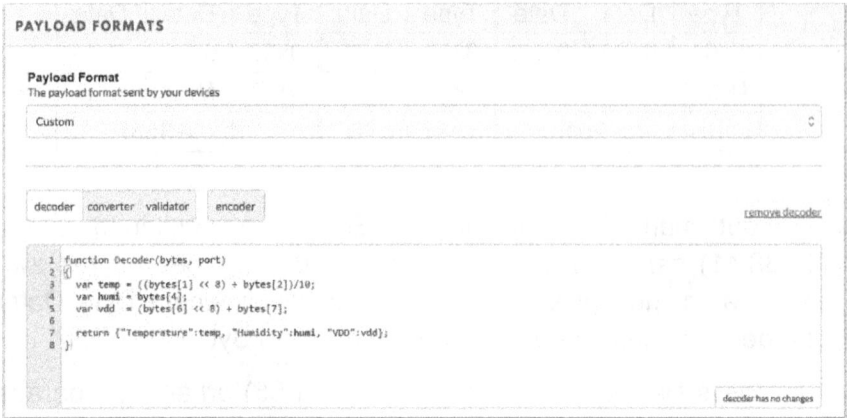

Abbildung 56   Payload Decoder

8.7.   Zugriff auf TTN und Verarbeitung der Daten

MQTT ist ein standardisiertes Protokoll zur Versenden und Abonnieren von Daten und wird im IoT sehr häufig benutzt. Christian Hammel hat in seinem Beitrag "MQTT im TTN für Einsteiger" (http://bit.ly/2QunAV1) die Nutzung von MQTT für den Zugriff auf die auf dem TTN Server hochgeladenen Daten erläutert.

Ich will mich hier deshalb kurz halten. Als MQTT Client verwende ich auf dem PC *MQTTlens* aus dem Chrome Web Store. Eine Verbindung zum TTN Server erfolgt dann gemäss Abbildung 57.

Als Usernamen und Password werden Application ID und Access Key aus der Application Overview verwendet, die über die TTN Console eingesehen werden kann.

Abbildung 57 TTN Connection

Durch eine Subscription des Topics `elsys_nodes/devices/+/up/#` werden nun alle hochgeladenen Messages von in der Application *elsys_nodes* registrierten Devices empfangen.

Wie Abbildung 58 zeigt sind das die Messages

- `elsys_nodes/devices/ers-lite/up/Temperature`

- `elsys_nodes/devices/ers-lite/up/Humidity` und

- `elsys_nodes/devices/ers-lite/up/VDD`.

Connection: The Things Network
Subscribe
Publish
Subscriptions

Topic: "elsys_nodes/devices/+/up/#" Showing the last 3 messages — +

#	Time	Topic	QoS
258	11:38:39	elsys_nodes/devices/ers-lite/up/Temperature	0

Message: 19.4

#	Time	Topic	QoS
259	11:38:39	elsys_nodes/devices/ers-lite/up/Humidity	0

Message: 71

#	Time	Topic	QoS
260	11:38:39	elsys_nodes/devices/ers-lite/up/VDD	0

Message: 3532

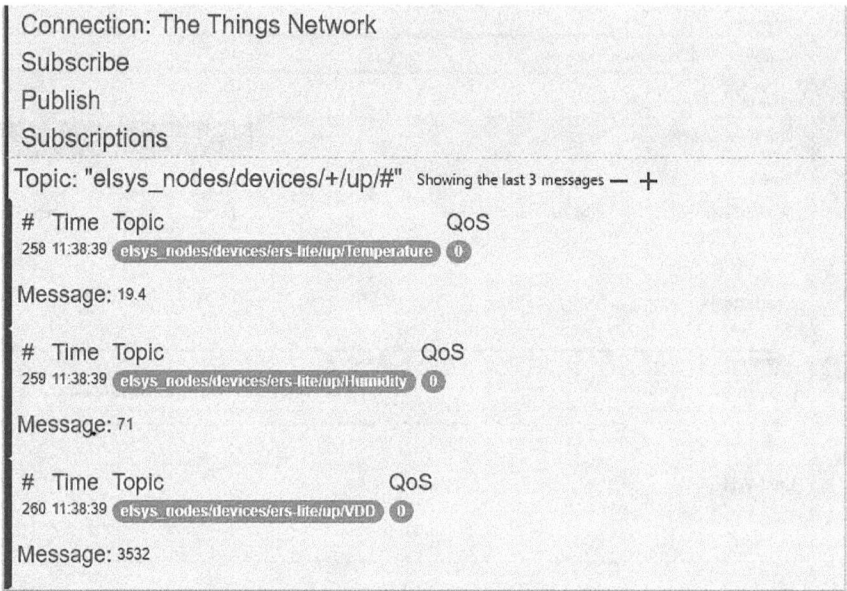

Abbildung 58   Subscribed messages

Zum aktuellen Zeitpunkt, das war der 15.09.2018 11:38:39, betrug die Temperatur 19.4 °C bei einer relativen Luftfeuchtigkeit vom 71%. Die Batteriespannung lag bei 3.532 V.

Ein andere Möglichkeit der weiteren Verarbeitung der über mittelten Daten besteht darin, dass beispielsweise ein MQTT-Client auf einem Linux-Device diesen MQTT-Topic abonniert und daraus weitere Informationen respektive Aktionen ableitet.

In einem früheren Beitrag mit dem Titel „LoRaWAN für Maker und Entwickler" [7] habe ich einen Raspberry Pi mit einem MQTT-

Client (*Mosquitto*) und dem JSON-Processor *jq* (https://stedolan.github.io/jq) ausgestattet. Unter Raspbian erfolgen die Installation und das anschließende Abonnieren (Subscribe) der LoRaWAN-Messages mit den folgenden Kommandos:

```
$ sudo apt install mosquitto mosquitto-clients
$ sudo apt install jq
$ mosquitto_sub -h eu.thethings.network -t
'+/devices/+/up/#'-u '<AppID>'-P '<AppKey>'-v > TTN
```

Bei der Subscription müssen, wie bei *MQTTlens* auch, die betreffende AppID sowie der AppKey eingegeben werden.

Die jeweils vom MQTT-Client empfangene Message wird im File TTN zwischengespeichert und kann von einem Shell-Script anschließend ausgewertet und beispielsweise an den Thingspeak-Server zur Visualisierung gesendet werden.

Eine Präsentation von Daten, die in Thingspeak noch weitgehend konfiguriert werden kann, zeigt beispielhaft Abbildung 59. Außerdem können die Grafiken auch sehr leicht in eine Website eingebaut werden.

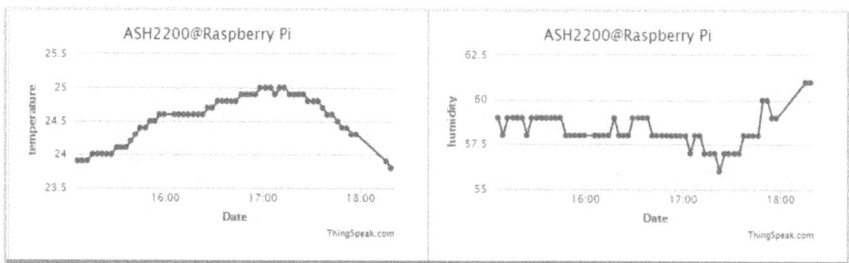

Abbildung 59 Thingspeak Visualisierung (Beispiel)

9. Schlussfolgerungen

Ziel dieses Büchleins war zu zeigen, dass bereits mit sehr einfachen Mitteln und zu niedrigen Kosten LoRaWAN-Sensorknoten entwickelt werden, die ihre Daten an einen LoRaWAN-Server senden und dort abgreifbar für weitere Anwendungen zur Verfügung gestellt werden.

Mit verschiedenen, recht preiswerten Komponenten, immer bestehend aus Mikrocontroller und LoRa-Transceiver, wurden Sensorknoten erstellt und in das TTN eingebunden. Bei Einsatz der vorgestellten Module kann auf Lötarbeiten vollkommen verzichtet werden.

Hat man erste Erfahrungen mit einem solchen Sensorknoten sammeln können, dann ist man für das Erstellen einer ernsthaften Anwendung gut vorbereitet. Es lohnt sich also, sich mit dieser Technologie auseinanderzusetzen. Dazu soll diese Büchlein anregen und Hilfe vermitteln.

10. Glossar

EUI	Extended Unique Identifier	globale einzigartige ID
DevEUI	Device EUI	devicespezifische ID, vom Hersteller gesetzt
AppEUI	Application EUI	ID für die Anwendung
AppKey	Application Key	bei OTAA zur Erzeugung der Session Keys verwendet
DevAddr	Device Address	Deviceadresse im Netzwerk
NwkSKey	Network Session Key	verschlüsselt die Metadaten
AppSKey	Application Session Key	verschlüsselt die Payload
RxDelay	Receive Delay	Verzögerung zwischen Senden und Empfangen
CFList	Channel Frequency List	Frequenzen eines jeden Kanals

ABP	Der Knoten ist mit DevAddr, NwkSKey und AppSKey vorprogrammiert und im Netzwerk registriert. Eine Join-Procedure (Verbindungsaufnahme) ist nicht erforderlich.	
	Der Netzwerkserver ist ebenfalls mit DevAddr, NwkSKey und AppSKey vorkonfiguriert, weshalb er die Übertragungen erkennen kann.	
	Vorteile	Das Gerät benötigt nicht die Fähigkeit oder Ressourcen, eine Join-Procedure durchzuführen.
		Das Gerät muss nicht entscheiden, ob ein Join-Request an irgendeiner Stelle notwendig ist, da dies nie notwendig ist.
		Zur Angabe eines eindeutigen DevEUI oder AppKey ist kein Schema erforderlich.
	Nachteile	Das Schema zum Generieren von NwkSKey und AppSKey muss sicherstellen, dass sie eindeutig sind, um eine weit verbreitete Verletzung zu verhindern, wenn ein einzelnes Gerät kompromittiert wird. Und das Schema muss sicher sein, um zu verhindern,

		dass die Schlüssel von Unberechtigten erhalten oder abgeleitet werden.
		Wenn das Gerät zu irgendeinem Zeitpunkt kompromittiert wird, sogar vor der Aktivierung, können die Schlüssel entdeckt werden.
		Netzwerkeinstellungen können nicht zum Zeitpunkt des Beitritts festgelegt werden.
		Ereignisse, die eine Änderung von Schlüsseln rechtfertigen (z.B. Wechsel in ein neues Netzwerk, Kompromittierung des Geräts oder abgelaufene Schlüssel) erfordern eine Neuprogrammierung des Geräts.

OTAA		Zur Aktivierung sendet das Gerät einen Join-Request mit DevEUI, AppEUI und AppKey.
		Der Netzwerkserver empfängt den Join-Request und validiert diesen an Hand der AppEUI. Wird der Request akzeptiert, dann antwortet der Server mit einem Join-Accept.
		Der Knoten speichert die Network Setting und generiert die Session Keys NwkSKey und AppsSKey.
	Vorteile	Session Keys werden nur bei Bedarf generiert und können daher vor der Aktivierung nicht kompromittiert werden.
		Wenn das Gerät in ein neues Netzwerk wechselt, kann es sich erneut anmelden, um die neuen Schlüssel zu generieren, anstatt dass es neu programmiert werden muss.
		Netzwerkeinstellungen wie RxDelay und CFList können zum Zeitpunkt des Beitritts angegeben werden.
	Nachteile	Ein Schema ist erforderlich, um jedes Gerät mit einem eindeutigen DevEUI und AppKey und dem richtigen AppEUI vorzuprogrammieren.
		Das Gerät muss die Join-Procedure unterstützen und dynamisch generierte Schlüssel speichern können.

Abgeleitet aus „LoRaWAN: OTAA or ABP?" (http://bit.ly/2QuFWoM)

11. Literaturverzeichnis

[1] Kühnel, C.:
Building an IoT Node for less than 15 $
NodeMCU & ESP8266
ISBN 978-3-907857-30-4

[2] Kühnel, C.:
Praxistest mit WiFi-SoC: Batteriebetriebener IoT-Knoten
Elektronik reader's choice 8/2016 S. 16-19

sowie Beiträge zum IoT Button im Blog
https://cknodemcu.wordpress.com/

[3] LoRa™ Funktechnologie
https://www.wsntec.info/deutsch/produkte/lora/

[4] What is the LoRaWAN™ Specification?
https://lora-alliance.org/about-lorawan

[5] Re: Put arduino in SLEEP_MODE_PWR_DOWN and wake
up after x hours
https://forum.arduino.cc/index.php?topic=425483.msg2932
901#msg2932901

[6] BMP085 Barometric Pressure Sensor Quickstart
https://www.sparkfun.com/tutorials/253

[7] Kühnel, C.:
The Things Network - LoRaWAN für Maker und Entwickler
Online Version http://bit.ly/2xhb1DJ

12. Index

13. Andere Bücher des Autors

Weitere Informationen sind auf folgenden Webseiten zu finden:

www.ckuehnel.ch & www.ckskript.ch

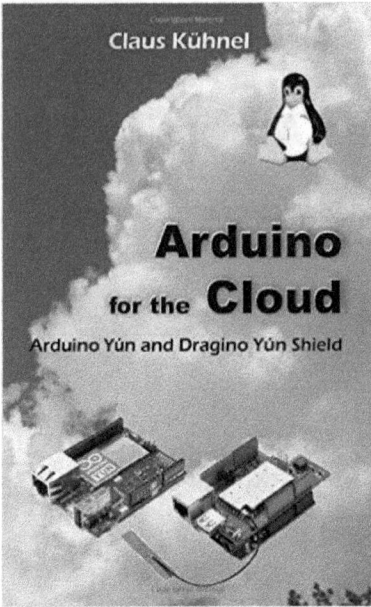

Claus Kühnel

Arduino for the Cloud

Arduino Yún and Dragino Yún Shield

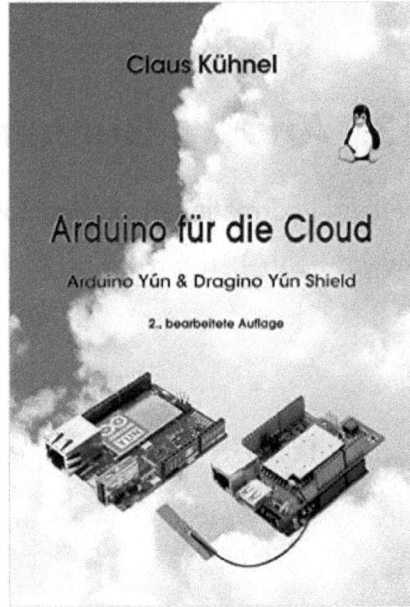

Claus Kühnel

Arduino für die Cloud

Arduino Yún & Dragino Yún Shield

2., bearbeitete Auflage

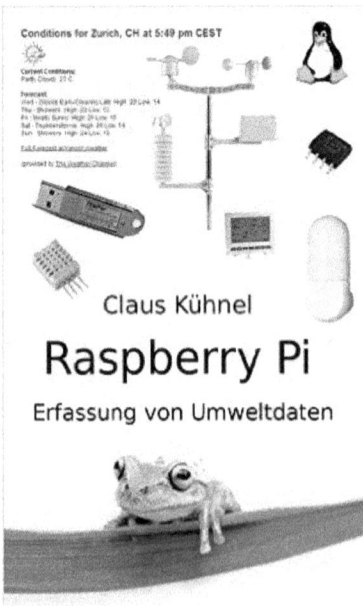

Conditions for Zurich, CH at 5:49 pm CEST

Claus Kühnel

Raspberry Pi

Erfassung von Umweltdaten

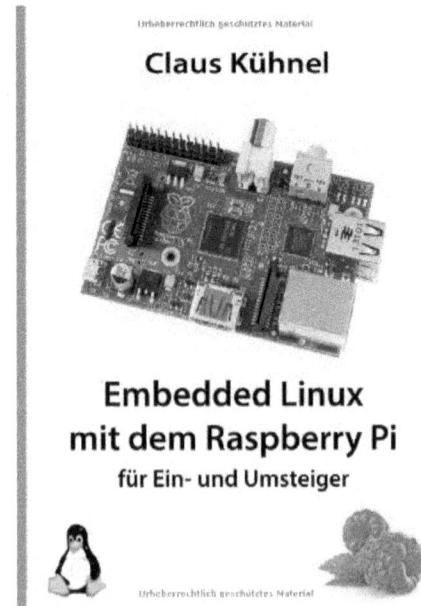

Claus Kühnel

**Embedded Linux
mit dem Raspberry Pi**
für Ein- und Umsteiger

Arduino

Hard- und Software
Open Source Plattform

Claus Kühnel

Lua

Einsatz von Lua in
Embedded Systems

Claus Kühnel und Daniel Zwirner

2., bearbeitete und erweiterte Auflage

Anmerkungen

Ihre Meinung oder Ergebnisse können auch anderen zugutekommen.

Hier finden Sie Platz für Notizen, Ergänzungen und Vorschläge.

Bitte teilen Sie uns Ihre Meinung zum Buch mit und nutzen Sie diese Möglichkeit im Interesse der gesamten Leserschaft.

Die E-Mail-Adresse des Autors lautet info (at) ckuehnel.ch.